WELCHER HUND
PASST ZU MIR?

Welcher Hund paßt zu mir?

VON GUDRUN BECKMANN

VORWORT

*Das Leben eines Hundes währt im Glücks-
fall 15 Jahre oder ein paar mehr. 15 Jahre,
in denen er Sie überallhin begleitet, an
Ihrem Leben teilnimmt, es sicher auch
beeinflußt und zum großen Teil Ihre
Freizeit bestimmt. Denn ein Hund ist kein
Haustier wie andere, sondern ein Gefährte.
Kommt ein Hund ins Haus, bekommt Ihre
Familie ein neues Mitglied.*

*Entsprechend hoch sind die Wünsche
und Erwartungen aller an den neuen Mitbewohner. Jeder, der sich für einen Hund
entscheidet, hofft in ihm seinen ganz persönlichen Traumhund zu finden. Ob er es*

*werden kann, hängt davon ab, ob Sie sich
am Ende Ihrer Suche für den Hund entscheiden, der genau zu Ihnen und zu Ihrem
Leben paßt. Dieses Buch will Ihnen
Entscheidungshilfen bieten.*

*Es gibt Ihnen nicht nur alle wichtigen
Informationen zu den verschiedenen
Hunde-Typen aus den rund 300 vom
Internationalen Kynologen-Verband (FCI)
anerkannten Rassen. Es verrät Ihnen auch
Stärken und Schwächen beliebter Rassen,
räumt mit Vorurteilen auf und zeigt Ihnen,
wie Sie Fallstricke beim Hundekauf erken-
nen und vermeiden können.*

Copyright © 1999 by Cadmos Verlag
Gestaltung: Ravenstein Brain Pool
Fotos: Eva-Maria Krämer
Druck: Grindeldruck, Hamburg
Alle Rechte vorbehalten
Abdrucke oder Speicherung in elektronischen
Medien nur nach vorheriger schriftlicher
Genehmigung durch den Verlag.
Printed in Germany

ISBN 3-86127-701-8

MUSS ES DENN UNBEDINGT EIN HUND SEIN?　6

Was ist ein Hund?　8
Die größten Fehler werden
vor dem Kauf gemacht　10
Hundekauf ist Adoption　13

WO UND WANN KAUFT MAN EINEN HUND?　18

Warum ein guter Züchter
das A und O ist　18
Welpe oder erwachsener Hund?　23
Hunde aus zweiter Hand　28
Weihnachtshunde – und ihre
natürlichen Handicaps　32

WELCHER HUND PASST ZU MIR?　35

Rüde oder Hündin
– der kleine Unterschied　37
Wieviel Kilo Hund verträgt
ein Mensch?　42
Wieviel Zeit braucht ein Hund?　47
Wieviel Platz braucht ein Hund?　50
Der kinderfreundliche Hund　54

WELCHE RASSE PASST ZU MIR?　58

Der Schäferhund-Typ　61
Der Jagdhund-Typ　66
Der Rattler-Typ　70
Der nordische Typ　73
Der Lagerhund-Typ　77
Der Windhund-Typ　82
Mischlinge　86

DER HUND MEINER TRÄUME　92

Muß es denn unbedingt ein Hund sein?

Fünf Millionen Hunde, so schätzt man, leben derzeit allein in Deutschland. Und den meisten scheint es ausgesprochen gut zu gehen. Überall im Lande sind Vereine und Klubs entstanden, die sich ganz dem Wohlbefinden, der Erziehung und der sportlichen Fitneß des „Partners Hund" verschrieben haben. Hundeschulen und Hundepensionen wachsen wie Pilze aus der Erde, und in Berlin gibt es schon das erste Imbiß-Restaurant nur für Hunde. Das Geschäft mit Leinen, Körbchen, Hundespielzeug und Hundedecken floriert, und die Hundefutter-Industrie hat keine Absatzsorgen. Doch dieser harmonische Schein trügt: Deutschland ist kein hundefreundliches Land. Wer sich hierzulande einen Hund zulegen will, der sollte sich das vorher zehnmal überlegen. Hält er seinen Hund artgerecht, gewährt er ihm - wie das Gesetz es verlangt - mindestens zweimal am Tag mindestens eine halbe Stunde freien Auslauf, und läßt er seinen Hund nicht allein zu Haus, sondern nimmt er ihn soviel wie nur möglich überall hin mit, dann stößt er ständig und überall auf drei Worte: „Für Hunde verboten". Die Läden sind verboten, der Friseur, das Restaurant, der Imbiß, der Stadtpark und die Grünanlage, das Badeufer und die Heuwiese draußen: alles verboten, verboten, verboten.

Warum? - Wir sind ein ordentliches Land, wir lieben kein Durcheinander und schon überhaupt keinen Dreck. Und je mehr die Hunde für viele hierzulande zum

Wo Menschen rund um den Polarkreis Sibirian Huskys halten, kommt es auch heute bisweilen zu Kreuzungen zwischen Wölfen und diesen Hunden.

Partner wurden, befreit von Zwang und Dressur, von Zwinger und Kette, desto mehr wurden sie für andere zu „Kötern", die nur Krach und Unruhe verbreiten, bellen, beißen - und Kot absetzen.

Politiker, die gewählt werden möchten, überschlagen sich in den letzten Jahren fast mit hundefeindlichen Verordnungen von Bellverbot bis Maulkorbzwang. Hundeauslaufflächen, wie das Gesetz es empfiehlt, sind fast nirgends entstanden. Dafür aber wurde die Hundesteuer erhöht, erhöht, erhöht, für einige Rassen fast bis ins Unbezahlbare.

Wer sich in diesem Land einen Hund ins Haus holen will, der sollte also zuallererst einmal prüfen, ob er auch wirklich die

Nerven hat für den täglichen Ärger, der auf ihn zukommen kann. Mit einem Hund zu leben bedeutet, vieles, was bisher selbstverständlich war im täglichen Leben, neu organisieren zu müssen, weil von außen Barrieren aufgebaut werden. Und es sollte sich jeder klarmachen, daß er mit einem Hund an seiner Seite im Ansehen seiner Mitbürger nicht unbedingt steigt. Da hilft auch keine noch so imposante oder seltene Rasse. Hunde gelten hierzulande nicht viel, und Hundehalter deshalb auch nicht.

Und in der Hunde-Szene gelten viele Rassen nicht viel. „Der Hund," so sagen sogenannte Experten hierzulande immer wieder, „ist ein domestizierter Wolf, ein bürgerung der Wölfe im Westerwald. Auch nicht, was ja noch verständlich wäre, in einer Zeitschrift für Katzenfreunde (Hund und Katz' verstehen sich ja mitunter weit besser als Hundehalter und Katzenhalter). Sie stehen so und ohne alle Abstriche in einem Magazin für Hundefreunde ...

WAS IST EIN HUND?

Zunächst einmal das Wichtigste vorweg: Ein Hund ist kein domestizierter Wolf. Der Urahn aller unserer Hunderassen ist kein kleiner Wolfswelpe, mitgenommen, aufgezogen und in mühevoller Kleinarbeit vor etwa 15.000 Jahren zum „zahmen Hauswolf" ummodelliert. Der Urahn unserer Haushunde ist viel, viel älter.

Das bestätigen nicht nur altbekannte archäologische Funde und Ausgrabungen. Das bestätigen neuerdings auch genetische Forschungen, die anhand von DNS-Analysen am Erbgut von heutigen Hunden und Wölfen gemacht wurden und die nachweisen, daß beide Arten schon lange, schon seit mehr als 135.000 Jahren nicht viel miteinander zu tun hatten. Die modernen DNS-Analysen der Mitochondrien können allerdings immer nur Ähnlichkeiten aufzeigen: Verwandtschaften, die allein über die mütterliche Linie vererbt wurden und die durchaus auch aus zufälligen Kreuzungen entstanden sein können. Wie diese Ähnlichkeiten entstanden sind, wer Mutter und wer Tochter ist, darüber geben die Analysen keine Auskunft. Die Frage: Was war zuerst: eine Wölfin, die zur „Urmutter" aller

Am Malteser erinnert nichts mehr an seinen Urahn. Ein liebenswerter Kumpan und „Abstauber" ist aber auch er.

degenerierter ‚Hauswolf'. Er ist seit Jahrtausenden der Gefährte, um nicht zu sagen: der Sklave des Menschen. Wölfe aber sind majestätische Wildtiere, die nie gezähmt wurden: Ein Hund, dem du in den Hintern trittst, der kommt zu dir zurück - ein Wolf dagegen wird dich zeitlebens verachten!"

Wo solche harschen Worte über „hündische Sklaven" und menschliche „Sklavenhalter" veröffentlicht werden? Nein, nein, nicht in einer Streitschrift zur Wiederein-

Hunde wurde, oder eine läufige Hündin, die sich mit Wölfen einließ und ihre Erbanlagen auf die Wölfe übertrug? ist also so nicht zu klären. Außerdem: Kreuzungsfähig mit anderen, verwandten Arten sind Hunde heute noch, nicht nur mit Wölfen, sondern auch mit Coyoten, Schakalen, Asiatischen Rothunden, Südamerikanischen Pampasfüchsen und so fort ...

Die Frage nach dem Urahn wäre viel einfacher zu klären, wenn man die archäologischen Hinweise und Funde, die weltweit vorliegen, endlich einmal ernst nähme. Haushund-ähnliche Hunde, die keine Wölfe waren, findet man nämlich schon vor 1,8 Millionen Jahren in Zentralasien und in Südafrika. Doch allen diesen Funden geht es bis heute so, wie es dem sogenannten „Ältesten Hund der Welt", dem 14.000 Jahre alten „Hund von Oberkassel bei Bonn" erging: 1919 staunte man über seine „Haushund-Ähnlichkeit", aber dann verstaubten seine Knochen doch 60 Jahre lang im Museum unter dem Etikett „Wolf", bis sich endlich ein mutiger Mann das Herz nahm und sagte: „Das ist doch kein Wolf, das ist ein Hund."

Die Archäologie sagt uns nicht alles. Aber sie sagt uns einiges: Am Berg des Großen Drachen bei Choukoutien in China lebten vor 400.000 Jahren „Aufrechte Menschen" (= Homo erectus). In ihrer Nähe lebten haushundähnliche Hunde. Beide, die Menschen wie die Hunde, profitierten von der Anwesenheit des anderen: Die Hunde, als Abstauber, plünderten die Vorräte und Abfallgruben der Menschen als willkommene Naschereien, sie verloren dadurch wohl langsam die angeborene Furcht aller Wildtiere vor dem Feuer und ließen sich in dessen Nähe nieder. Die Menschen, ebenfalls Abstauber, folgten dem jagenden Hunde-Rudel, sie sammelten auf, was in der wilden Verfolgungsjagd über die Klippen gestürzt war oder sich ins anscheinend sichere Wasser gerettet hatte. Und sie duldeten die Hunde am Feuer und bei den Abfallgruben, weil die bei möglichen Gefahren immer frühzeitig Alarm schlugen und auch ihre eigenen Futterkrippen gegen alles Fremde verteidigten.

So lebten zwei „Abstauber" nicht mit-, sondern nebeneinander, und jeder profitierte von jedem. Bis vor etwa 40.000 Jahren unsere Vorfahren die Bühne der Welt betraten: der „Homo sapiens sapiens". Dieser „weise weise Mensch" war im Grunde von Anbeginn an ein „verspielter Mensch": Er war intelligent genug, um nicht jede Minute des Tages mit Arbeit verbringen zu müssen. Er hatte Zeit zum Malen, Träumen, Basteln und auch Zeit für ein Spielchen mit den verspielten Junghunden, die immer durchs Lager lungerten. Und so entstand aus einer anfangs ganz egoistischen, gegenseitigen Abstauberei eine haltbare Kumpanei.

Ein „Kumpan" ist einer, der „mit mir das Brot ißt". Und diese Kumpanei zwischen Menschen und Hunden hat Jahrtausende und viele, viele Krisen überstanden. Die Hunde sorgten für die Sauberkeit: Wo ein Hund im Haus ist, da bleibt keine Nudel auf dem Teppich liegen. Sie sorgten für die Sicherheit: Einer Hütte mit Hund nähert sich kein ungebetener Besucher unbemerkt. Sie spielten, wenn es sein mußte, Pfadfinder: Hunde verlaufen sich nicht. Und sie spielten Bettwärmer: Jeder Hund liebt Wärme und einen Kumpan noch dazu. Und für alle diese „Dienste" bekamen sie Streicheleinheiten und ein Stück von der Jagdbeute und dem Brot ihrer Menschen.

Doch in unserer Zeit scheint sich, zumindest hierzulande, diese uralte Kumpanei aufzulösen. Viel zu viele Leute wissen heute gar nicht mehr, was ein Hund eigentlich ist, und wieviel sie selber von ihm profitieren könnten. Sie streicheln den Hund, gehen mit ihm spazieren und geben ihm das Fressen. Aber in unserer zivilisierten Welt haben Hunde - eigentlich - keine Aufgaben mehr. Die Reinlichkeit übernehmen wir selber mit Staubsauger und Müllabfuhr. Für unsere Sicherheit brauchen wir nur zuverlässige Türschlösser, ein Telefon und die Nummer des nächsten Polizeireviers. Es gibt überall Straßen, und alle sind sie „ausgeschildert". Die Zentralheizung sorgt für Wärme, und unsere tägliche Fleischration kaufen wir beim Metzger.

Hunde „brauchen" wir - eigentlich - nicht. Wir kommen auch ohne sie gut zurecht. Wir „brauchen" sie eigentlich nur, um unsere eigenen Bedürfnisse nach Streicheleinheiten und Kumpanei irgendwie noch ausleben zu können. Der Hund in unserer zivilisierten Gesellschaft aber wird auf diese Weise mehr und mehr zum Dauerarbeitslosen, der dankbar und gesittet seine „Sozialknete" (= sein Fressen, seine Streicheleinheiten, seinen täglichen Auslauf) annehmen soll und ansonsten am besten alles vergißt, was ihm von seinen Ahnen als Erbe mitgegeben wurde.

Aber: Ein Hund ist auch heute noch

• ein modernes, lernfähiges Säugetier: Er braucht als Jungtier viel Anregungen und Freiheit, und er will auch als Erwachsener noch lernen und seinen „Grips" gebrauchen dürfen.

• ein anpassungsfähiges Rudeltier: Er braucht sein Rudel um sich, und er braucht einen gesicherten und von allen respektierten Platz im Rudel.

• ein durchaus erfolgreicher Laufjäger: Er braucht nicht nur seine regelmäßige Bewegung, seinen „Auslauf". Er braucht auch mindestens einmal am Tag eine kleine Hetzjagd, eine Tobestunde, in der er sich so richtig verausgaben darf.

• ein Raubtier: Er kann beißen. Und er tut das ab und zu auch.

Wer sich also einen Hund ins Haus holen will, der sollte sich vorher genau überlegen, ob er wirklich einen Hund im Haus haben will. Jeder Hund trägt sein Erbe und seine Vorgeschichte in sich. Und es hat wenig Sinn, nachher darüber zu schimpfen.

DIE GRÖSSTEN FEHLER WERDEN VOR DEM KAUF GEMACHT

Da kauft sich das berufstätige Pärchen im Hochhaus einen lauffreudigen Hund für die Wochenendunternehmungen und wundert sich, daß dieser Hund nach einem Jahr nur noch ein Nervenbündel ist. Der fußlahme Single, der am liebsten noch mit dem Auto ins Bett fahren würde, holt

Fast alle Kinder wünschen sich irgendwann einen Hund. Aber ein Hund kann kein Ersatz sein für Freunde oder die Eltern.

sich einen „richtigen, naturbelassenen Ein-Mann-Hund" und ärgert sich von Stund an über dessen „Zerstörungswut". Die Familie im Grünen wollte einen imposanten Hund, der aufpaßt, aber doch durch und durch freundlich ist, und nun muß sie aufpassen, daß der nette Riese nicht zu jedem Fremden ins Auto steigt. Die sanfte, alte Dame wollte einen fröhlichen Kumpan, der ihr die Zeit vertreibt, und nun hat sie ewig Ärger, weil aus dem lustigen Wuschel ein kompromißloser Haustyrann und Raufer geworden ist.

Es gibt viele Gründe dafür, sich einen Hund zuzulegen. Und jeder Hundehalter, den man fragt, nennt einen anderen:

- Weil Hund, Haus und Hof doch immer schon zusammengehörten.
- Weil Hunde lustig sind und Hundehaltung Spaß macht.
- Weil die Kinder drängelten und man ihnen diesen Wunsch erfüllen wollte.
- Weil ein Kind zu viel allein war und

einen Spielkumpan brauchte.

- Weil Oma zu viel allein ist und Gesellschaft braucht.
- Weil man gerne wandert und dazu eine Katze ja nicht mitnehmen kann.
- Weil man ein sportlicher Typ ist und Interesse hat am Hundesport.
- Weil man als Mensch mit Hund draußen viel schneller Kontakte finden und knüpfen kann als ohne Hund.
- Weil man als Mensch mit Hund viel unterwegs sein muß und „rauskommt".
- Weil der Hausarzt Hundehaltung empfohlen hat: Sie ist „gut" gegen Kontaktschwierigkeiten bei Kindern und gegen Herzinfarkt im Alter.
- Weil die Polizei sagt: Ein Hund ist sicherer und zuverlässiger als jede Alarmanlage.
- Weil man so einen traurigen Hund im Fernsehen, im Tierheim, im Urlaub gesehen hat und diesen Hundeblick nicht mehr aus dem Sinn bekam.
- Weil die Tierheime so voll sind und man helfen wollte.
- Weil der Nachbar gerade Welpen hatte und sie „günstig" abgab.
- Weil Bekannte um Hilfe gebeten hatten.
- Weil man schon als Kind mit Hund aufgewachsen ist.
- Weil man dann nie mehr allein ist und immer jemand wartet.
- Weil man sich schon immer einen Hund gewünscht hat, diesen Wunsch aber - der Umstände halber - immer und immer wieder zurückstellen mußte.

Alle diese Gründe haben etwas für sich. Und alle diese Ansprüche würde der Kumpan Hund seinem Kumpan Mensch gegenüber auch gerne erfüllen. Hunde sind gerne Ansprechpartner, Waldläufer, Weggefährte, Spielkumpan, Sportsfreund, Familienmitglied, Tröster, stiller Zuhörer, treuer Freund, Wächter, Aufpasser, Beschützer und Fußwärmer. Und am liebsten sind sie das alles gleichzeitig, rund um die Uhr und Jahr für Jahr. Und deshalb ist der einzige Grund, der wirklich zählt und trägt, nur der letzte.

Hunde sind intelligente, lernfähige Rudeltiere. Sie passen sich gerne an. Aber sie wollen beschäftigt sein, beachtet werden, mit Freunden leben dürfen, rund um die Uhr und Jahr für Jahr. Als lebendige Alarmanlagen sind sie eine Fehlinvestition: Einsam im Zwinger oder Garten abgestellt, verlieren sie sehr schnell den Kontakt zu ihrem (nicht vorhandenen) „Rudel". Dann „melden" sie - je nach persönlichem Temperament - bald gar nichts mehr oder alles, was sich bewegt. Und wenn dann wirklich einmal ein nächtlicher Dieb über den Zaun steigt, dreht sich Herrchen nur murrend im Bett auf die andere Seite und denkt: „Schon wieder Nachbars Katze!"

Hunde sind auch keine Sportgeräte, die man zu bestimmten Zeiten hervorholt und dann wieder in ihr Körbchen ablegt. Hunde wollen rennen, toben, spielen, springen. Aber das wollen sie täglich und nicht nur dann, wenn der Übungsleiter das Kommando dazu gibt.

Und ein Ersatz für menschliche Gesellschaft sind sie auch nicht. Hunde sind Hunde, keine Schmusebären, keine Verwöhnobjekte, keine Spielzeuge, kein

Ein Hund will seinem Menschen nicht nur beim Spaziergang Gesellschaft leisten. Er will sein ganzes Leben mit ihm teilen.

meint, er müsse alle fernen Strände sehen, der sollte sich keinen Hund kaufen. Er macht sich und seinem Hund keine Freude.

Ein Leben mit Hund kann schön sein und ein Gewinn für alle Beteiligten. Es ist das aber nur, wenn auch alles, was dazu gehört, zusammenpaßt: Mensch und Hund, Ansprüche, Lebensstil und Umwelt. Spontaneität und Gefühl sind gute Voraussetzungen für ein Leben mit einem Hund. Beim Hundekauf aber sollte man diese ansonsten so positiven Eigenschaften vorübergehend zurückstellen: Hunde kauft man am besten wohlüberlegt und mit dem Kopf - das Herz verliert man, wenn's gut geht, sowieso.

HUNDEKAUF IST ADOPTION

Hunde sind intelligente, bindungsfähige Lebewesen. Und wenn sie sich gebunden haben, dann wollen sie auch bleiben. Hunde wechseln „ihr Rudel" nicht freiwillig und nicht ohne psychische Verletzungen. Wer also einen Hund kaufen will, der muß sich das vorher genau überlegen. Und er muß wissen, daß er sich mit diesem Kauf ein ganzes Hundeleben lang verpflichtet: Hundekauf ist Adoption.

Prüfen Sie deshalb sich selbst, Ihre Motivation, Ihre Wünsche, Ihre Pläne, Ihr Umfeld. Und beantworten Sie sich selber zunächst einmal - ganz ehrlich - einige Fragen:

Kind-Ersatz und auch nicht als „Hobby" geeignet. Hunde sind anspruchsvoll. Sie brauchen Zeit, Zuwendung und einen zuverlässigen Kumpan neben sich. Und sie sind aus tiefstem Herzen „Spießbürger" und „Gewohnheitstiere". Sie lieben ihre Ordnung, ihr Rudel, ihr Revier und ihren geregelten Tagesablauf. Wer heute nicht weiß, was er morgen wo tut, wer Reisen als „Berufsrisiko" abhakt, wer werktags früh auf der Matte steht, aber am Wochenende lieber bis in die Puppen schläft oder wer

1. Sind Sie der „Kumpeltyp", der bereit ist, einen Kumpan neben sich zu dulden, der

Glückliche Hunde dürfen toben, naß werden, dreckig sein - und sind trotzdem zu Hause willkommen.

durchaus auch mal seine eigene Meinungen und Vorstellungen hat und mit dem Sie trotzdem durch Dick und Dünn gehen, egal was kommt?

2. Sind Sie bereit, für diesen mitunter recht eigenwilligen Kumpan die Verantwortung zu übernehmen und sie zu tragen in guten und in schlechten Zeiten - auch wenn sich herausstellt: „Meinen Traumhund habe ich mir anders vorgestellt"?

3. Sind Sie selbstsicher genug, um auch mal von sich aus einen „Krach unter Freunden" vom Zaune zu brechen, ohne

daß Ihnen dabei gleich das Herz bricht und Sie das Gefühl haben, sich sofort entschuldigen zu müssen?

4. Können Sie so einen Krach dann auch gelassen „wegstecken" und „mal Fünfe gerade sein lassen", ohne große Unterwerfungsgeste des Kumpels, ohne lange beleidigt zu sein oder an den großen Schlußstrich zu denken?

5. Sind Sie selbstbewußt genug, um die tägliche Anmache draußen gelassen zu ertragen, die immer nach dem Motto geht: „Guck mal, eine Ratte mit Schleif-

chen, ein Mop auf vier Beinen, ein Kalb mit Halsband!" oder „Nehmen Sie Ihre Töle, Ihr Sabbermonster, Ihren Killerhund da weg!"?

6. Sind Sie der Meinung, daß Ordnung in Haus und Garten zwar ein erstrebenswertes Ziel ist, aber doch nur eins von vielen und daß der Volksmund schon irgendwie recht hat, wenn er sagt: „Wer immer Ordnung hält, ist nur zu faul zum Suchen"?

7. Ist für Sie Sauberkeit und ein „trautes Heim" zwar selbstverständlich, aber dabei doch eher eine Nebenbeschäftigung nach dem Motto: „Von meinem Fußboden muß niemand essen, wir haben Teller"?

8. Glauben Sie auch, daß das Immunsystem jedes Menschen täglich neu „lernt" und sich auf seine Partner und seine Umwelt abstimmt und daß zuviel Hygiene krank machen kann?

9. Neigen weder Sie noch Ihr Partner oder Ihre Kinder zu Allergien, gab und gibt es in Ihrer Familie keinen Allergiker, und können Sie aus vollstem Herzen sagen: „Wir und Hundehaarallergie?! Nie!!"

10. Sind Sie einer von denen, die ganz gerne mal in Urlaub fahren, aber dann zurückkommen und sagen: „Am schönsten ist es doch im eigenen Bett", und die nicht darunter leiden, wenn eine Reise in den sonnigen Süden abgesagt werden muß?

Haben Sie alle zehn Fragen zur Person ganz spontan und ohne langes Grübeln

mit einem klaren „Ja" beantwortet, dann könnte Ihrem Wunsch nach einem „Partner Hund" eigentlich nur noch Ihr Umfeld entgegenstehen. Prüfen Sie also auch Ihr Umfeld:

1. Sind Sie davon überzeugt, daß sich an Ihrem Lebensumfeld, an Ihrem Lebensstil in den nächsten 15 Jahren nichts Wesentliches mehr ändern wird und daß alles seinen harmonischen Gang geht?
   – Die Tierheime sind voll von Umzugs- und Scheidungswaisen, die in bester Absicht und genau geplant angeschafft wurden, die aber schon bald nicht mehr ins Umfeld paßten. Und kaputte Ehen werden weder durch Kinder noch durch Hunde geflickt.

2. Sind alle in der Gruppe mit dem Kauf eines Hundes und mit der ins Auge gefaßten Rasse einverstanden?
   – Aus einem nachgiebigen „Tu doch, was du willst" kann ganz schnell eine tiefe Abneigung werden, und nicht jede Hundephobie ist heilbar. Hunde aber sind sehr sensible Wesen. Sie spüren nicht nur, wer sie mag und wer sie nicht mag. Sie reagieren auch darauf, und das kann den Frieden im Haus sehr schnell in Schieflage bringen.

3. Ist klar, wer die Verantwortung für den Hund und dessen tägliche Versorgung übernehmen wird?
   – Hunde passen sich gern an, und sie leben auch gerne im Rudel. Aber sie sind - wie gesagt - Spießbürger, sie lieben ihre Ordnung und sie wollen wissen, wer

dafür verantwortlich ist. Aus der Sicht des Hundes kann diese Verantwortlichkeit nicht in stündlich wechselnden Rollen übernommen werden. Sie muß klar sein - sonst übernimmt der Hund sie.

4. Ist Ihre Urlaubsvertretung, Ihre Krankheitsvertretung gesichert? Kennen Sie Freunde, Bekannte, eine gute Hundepension, die im Fall des Falles Ihren Hund übernehmen?

– Unverhofft kommt zwar nicht oft, aber mitunter ganz plötzlich. Und wenn Sie irgendwo in einer Klinik aufwachen und man Ihnen klarmacht, daß Sie jetzt erst mal bleiben müssen, dann sollte jemand da sein, der sich um Ihren Hund kümmert - und den Ihr Hund in die Wohnung läßt.

5. Gibt es in der Nähe Ihrer Wohnung einen Platz, wo sich Ihr Hund ungestört und in aller Ruhe lösen kann?

– Hundehaufen gehören neuerdings zu den heißumstrittensten Problemen unserer Zeit, und so mancher ansonsten ganz friedfertige und anpassungsbereite Hundehalter fand sich in heftigste Nachbarschaftskämpfe verwickelt, weil er das Problem mit dem „Lösen" nicht lösen konnte.

6. Gibt es einen Tobeplatz, der zu der Größe und dem Temperament des Hundes paßt?

– Klar: Man KANN eine Dogge auch im Hochhaus halten. Aber dann MUSS man täglich zwei, besser drei Stunden mit ihr raus an den Stadtrand zum Rennen und Toben: Ein Spaziergang bei Fuß und an der Leine ist kein „freier Auslauf".

7. Dürfen Sie laut Mietvertrag überhaupt Hunde halten, haben Sie mit Ihrem Vermieter und auch der Hausverwaltung darüber geredet und eine schriftliche Erlaubnis erhalten?

– Merke: Auch dort, wo Hundehaltung im Prinzip erlaubt und „üblich" ist, kann sie - für bestimmte Rassen, für Hunde ab einer bestimmten Größe - verboten sein. Und was in Eigentumswohnungen erlaubt ist oder nicht, darüber bestimmt die Eigentümer-Versammlung.

8. Sind Ihr Nachbar und das Bauamt einverstanden?

– Gerade in Neubausiedlungen ist so gut wie alles vorgeschrieben. Dürfen Sie Ihr Grundstück überhaupt umzäunen (damit Ihr Junghund nicht Nachbars kostbare Rosenbeete umgräbt)? Dürfen Sie es zur Not auch ausbruchsicher und mit Sichtschutzzäunen umbauen?

9. Haben Sie die Möglichkeit, Ihren Fifi ohne Hilfe anderer zum Tierarzt zu bringen?

– In Bussen, Bahnen, Taxis sind Sie mit Hund kein gern gesehener Fahrgast. Und Nachbars Auto, das den ganzen Tag in der Garage steht, wird, wenn Fifi in eine Glasscherbe getreten ist und stark blutet, bestimmt gerade heute zur Inspektion sein.

10. Haben Sie genug Geld für Ihren Traumhund?

– Für den normalen Unterhalt (Futter, Steuer, Versicherung, Impfungen) brauchen Sie rund 150 bis 250 DM im Monat. Für Extras und Notfälle sollten Sie min-

Glückliche Hunde dürfen toben, naß werden, dreckig sein - und sind trotzdem zuhause willkommen.

destens 500 DM auf der Hohen Kante haben. Und am Anschaffungspreis zu sparen, das enthält ein hohes Risiko: Wer kein Geld für seinen Traumhund hat, wer lieber „günstig" beim Händler kauft oder auf ein „Schnäppchen" hofft, der zahlt omöglich ein Hundeleben lang drauf und wird doch nicht glücklich.

Wenn Sie auch alle diese Fragen zum Umfeld ohne zu zögern und mit einem klaren „Aber sicher doch!" beantwortet haben, dann steht Ihrer Karriere als zufriedener Hundehalter grundsätzlich nichts mehr im Wege.
Weiterlesen sollten Sie aber auf alle Fälle.

Wo und wann kauft man einen Hund?

Hunde kann man überall und zu jeder Zeit kaufen: Man durchforstet die „Tiermarkt"-Seiten in der Wochenendbeilage der Tageszeitung. Man kauft sich Hunde-Fachzeitschriften und vertieft sich in die Anzeigen. Man macht mitsamt Familie einen Wochenendausflug durch die Tierheime der Umgebung. Man ruft beim VDH (= Verband für das Deutsche Hundewesen) an und läßt sich dort die Telefonnummer der Welpenvermittlung seiner Traumrasse geben.

Die Probleme kommen später: Hund ist nämlich nicht immer gleich Hund. Hunde unterscheiden sich auch nicht nur nach Rassen. Sie können selbst innerhalb derselben Rasse ganz und gar verschieden sein. Für Familie K. wurde der gut überlegte und geplante Kauf des Zweithundes deshalb fast so etwas wie ein wissenschaftliches Experiment: Da war dieselbe Umwelt, dieselbe Familie, dieselbe Aufzuchtstrategie, dieselbe Rasse, derselbe Zuchtverband - aber nach jeweils zwölf Monaten waren aus den wuscheligen Wollknäueln zwei ganz unterschiedliche Hunde geworden: der eine umgänglich, fröhlich und von gelassener Selbstsicherheit, der andere ewig scheu und heikel, fast ein Angstbeißer, ein Problemhund. Warum? - Sie stammten von unterschiedlichen Züchtern!

WARUM EIN GUTER ZÜCHTER DAS A UND O IST

Hunde sind „physiologische Frühgeburten". Sie kommen blind und taub zur Welt. Sie können nur die Wärme und den Geruch des

Bei ihrer Geburt sind die Welpen blind, taub und völlig hilflos. Ihre Erfahrungen der ersten Lebenswochen werden ihr ganzes Leben prägen.

sie umgebenden Rudels wahrnehmen und darauf achten, daß sie den Kontakt dazu nicht verlieren. Ohne Rudel kann ein Welpe nicht überleben. Nach etwa drei Wochen, wenn er sehen, hören und sich auf wackligen Beinchen bewegen kann, fängt er an zu lernen. Er lernt, daß sein kleines Rudel aus lauter unterschiedlichen Mitgliedern besteht. Und er lernt, daß er mit jedem Rudelmitglied anders umgehen muß. Im Alter von etwa acht Wochen kennt jeder Welpe sein Rudel und alles, was dazu gehört. Er weiß jetzt, daß er im Rudel sicher

ist und daß die Großen ihn beschützen, auch wenn sie manchmal grob zu ihm sind. Er hat Vertrauen zu seinem Rudel: „Urvertrauen" nennen das die Psychologen.

Mit diesem Urvertrauen ausgestattet und immer ganz dicht bei den Großen, beginnt er die Welt zu erforschen und seine eignen Erfahrungen zu machen. Ein junger Hund muß viele Erfahrungen sammeln und viel ausprobieren, damit aus ihm irgendwann ein intelligenter, selbstbewußter „Helfer" wird, der im Rudel mitreden darf. Das Wichtigste aber, was ein junger Hund lernen muß, ist der vertrauensvolle, angstfreie Umgang mit Menschen. Hunde sind nicht von sich aus zahme Haustiere. Jeder Hund muß in den ersten acht Wochen, in seiner sensiblen Phase, erst einmal ganz persönlich von Menschen „gezähmt" (= sozialisiert) werden. Passiert das nicht, hat er nicht genügend Umgang mit freundlichen(!) Menschen, dann wird er Menschen gegenüber immer scheu bleiben. Dann wird er - je nach Erfahrung und angeborenem Wesen - ein mehr oder weniger menschenscheuer „Wildling". Und der tägliche Umgang mit ihm kann sich durchaus in eine mittlere Katastrophe auswachsen, gegen die auch der geduldigste Halter hilflos ist. Deshalb ist ein guter Züchter „mehr als die halbe Miete".

Doch woran erkennt man einen guten Züchter? Diese Frage ist gar nicht so einfach zu beantworten. Klar - daß man nicht beim „Hundehändler", beim „Schweinestallzüchter" kauft, das sollte sich inzwischen herumgesprochen haben. Und daß spontan empfundenes Mitleid keine zuverlässige Basis für ein langes, gedeihliches Miteinander ist, das sollte auch bekannt sein. Wer diese immer wiederholten Warnungen nicht ernst nimmt,

Ein guter Züchter lebt mit seinen Hunden zusammen,
berät Interessenten sehr ausführlich und verkauft nicht an jeden.

darf sich nachher nicht beschweren. Er muß sein Los tragen, wie es ist.

Nur: Papiere und Ahnentafeln sind auch keine Garantie, der man blind vertrauen darf!

Der VDH (= Verband für das Deutsche Hundewesen) beteuert zwar, daß seine Züchter alle immer wieder kontrolliert werden und sich strengen Zuchtbedingungen zu unterwerfen hätten. Das stimmt auch, aber der VDH ist ein sehr großer Verband, und seine kontrollierenden Zuchtwarte sind keine unabhängigen Beamten. Sie sind ebenfalls Züchter in ihrem Rasseklub - und Menschen obendrein ...

Eine objektive Garantie gibt es deshalb nicht. In jedem Verein gibt es ganz normale Hundehalter und begeisterte Idealisten. Es gibt allerdings auch Trophäensammler, denen Ausstellungspokale wichtiger sind als die Sozialisation ihrer Welpen. Und es gibt die Nebenbei-Verdiener. Sicherlich, als Hundezüchter im Verein wird man nicht reich. Aber ein kleines, nicht steuerpflichtiges Zubrot ist schon drin ...

Woran also erkennt man einen guten Hundezüchter? Da gibt es eine Menge von Indizien, die Sie ernst nehmen sollten:

1. Ein guter Züchter hat nie mehr als zwei aktive Zuchthündinnen, dafür aber unter Umständen mehrere „Omas", „Tanten" oder „Onkel", mit denen nicht gezüchtet wird.

2. Er hat nie mehr als einen Wurf pro Hündin und Jahr.

3. Er hat nie mehr als maximal(!) zwei verschiedene Rassen, die sich aber doch sehr ähnlich sind: Jede Rasse, vor allem jeder Rasse-Typ ist nämlich anders und braucht ein anderes, spezielles Umfeld.

4. Seine Hunde gehören zur Familie. Sie wohnen im Haus, und sie werden auch nicht weggesperrt, wenn Besuch kommt.

5. Seine Welpen bekommen ein ganz bestimmtes, besonderes Welpenfutter zu ganz bestimmten, festgesetzten Zeiten, und er legt großen Wert darauf, daß Sie das ganz genauso machen.

6. Er lebt nicht abgeschottet hinter Sicht- und Lärmschutzzäunen und am liebsten irgendwo in der Pampa. Im Gegenteil: Er hat ein offenes Haus, und Besuch ist immer gern gesehen.

7. Er hält seine Hunde nicht für „die besten und einzig richtigen": Er redet nicht schlecht über seinen Verein und seine Mit-Züchter.

8. Er hält seine Rasse nicht für „die einzig wahre": Er kennt die Probleme, spricht darüber und bietet Hilfe an.

9. Er liebt seine Hunde trotzdem.

10. Er ist jedem potentiellen Käufer gegenüber erst einmal mißtrauisch: Er will viel wissen. Er verkauft nicht an jeden und erst recht nicht am Telefon.

Ein guter Züchter kann auch der Nachbar um die Ecke sein, der kein Mitglied in einem Zuchtverein ist, doch mit viel Liebe

Es ist schwer, solchen Babys zu widerstehen. Doch wenn der „Stall" nicht stimmt, sollten Sie es tun.

und Einsatz ganz privat den „Fehltritt" seiner Hündin großzieht.

Aber: Nicht jeder Privatmensch, der ohne Verein und Papiere Hunde aufzieht, ist ein guter Hundehalter und ein empfehlenswerter Züchter. Da gibt es Leute, die halten jede Art von Geburtenkontrolle für ungesund und unnatürlich.

Sie lassen ihre Hündin laufen, oder suchen ihr sogar einen „passenden Partner", weil sie der Meinung sind: „Einmal in ihrem Leben sollte jede Hündin einen Wurf haben, sonst wird sie krank." Solche Leute sind gedankenlose Hundevermehrer, füllen mit ihren Würfen die

Tierheime und verstehen nichts von Hunden. Kaufen Sie dort nicht: Wenn Dummheit schon nicht weh tut, dann sollte sie wenigstens nicht noch belohnt werden.

Und dann gibt es da noch die „Schlaumeier": Sie haben zufällig ein Pärchen, zufällig einen Wurf, der sich zufällig gut verkauft, weil die Rasse oder die Rasse-Mischung zufällig gerade in Mode ist. Und schon ist die Idee da, den Markt zu versorgen. Diese Schlaumeier sind nicht dumm, und sie halten sich auch nicht für Hundehändler. Sie sehen sich als reinste Hobby-Züchter, denn sie sind Schon-

immer-Hundehalter, Hunde-Profis, Schäfer, Tierärzte oder Lehrer. Sie glauben
genug von Hunden zu verstehen und lassen sich da von niemandem reinreden.
Lassen Sie sich von solchen „Hobby-
Züchtern" auch nichts einreden.

Die 500.- DM, die Sie dort beim Kauf
eines Welpen sparen, sind schnell wieder
weg - für Tierarztkosten, Hundeschule,
Hundetherapeut - und letztendlich das
Einschläfern eines noch jungen, aber nicht
auf Menschen sozialisierten, bissigen
Hundes.

Vergessen Sie nie: Nur zuverlässige,
hundefreundliche Menschen haben zuverlässige, menschenfreundliche Hunde. Und
nicht jeder, der sich mit Hunden auskennt,
ist ein Hundekenner.

TEST

Wenn Sie einen Hund kaufen wollen, vergessen Sie also erst einmal den Hund.
Schauen Sie sich zunächst den Züchter
an, der „Ihren" Hund aufgezogen und
sozialisiert hat. Und machen Sie ein
Gedankenexperiment: Stellen Sie sich
vor, Sie wollen gar keinen Hund kaufen.

• Sie treffen den/die Verkäuferin ganz
  zufällig irgendwo. Er/sie lädt Sie
  spontan zu sich nach Hause auf
  einen Kaffee ein.
  Gehen Sie mit
  ☐ lieber nicht (1 Punkt)
  ☐ aus Höflichkeit (2 Punkte)
  ☐ gerne? (3 Punkte)

• Sie haben den Kaffee getrunken, nun
  soll es „gemütlich" werden.
  Bleiben Sie
  ☐ lieber nicht (1 Punkt)
  ☐ aus Höflichkeit (2 Punkte)
  ☐ gerne? (3 Punkte)

• Es wurde sehr „gemütlich". Eigentlich
  müßten Sie jetzt ein Taxi bestellen und
  nach Hause fahren, aber man bietet
  Ihnen an hier zu übernachten.
  Bleiben Sie
  ☐ lieber nicht (1 Punkt)
  ☐ aus Höflichkeit (2 Punkte)
  ☐ gerne? (3 Punkte)

Kaufen sollten Sie nur dort, wo Sie mindestens 8 Punkte erreichen: Dort, wo Sie
sich - aus was für Gründen auch immer -
nicht wohlfühlen, dort kann sich auch das
Hundchen, das zu Ihnen paßt, nicht wohl-
gefühlt haben. Denken Sie sich irgendeine
Ausrede aus und kaufen Sie „Ihren" Hund
woanders.

WELPE ODER ERWACHSENER HUND?

Früher, vor 40, 50 Jahren, kaufte man Hunde
erst, wenn sie mindestens sechs Monate alt
waren, wenn sie alle ihre „Kinder-
krankheiten" schon hinter sich - und über-
lebt hatten. Heute sind diese Krankheiten
kein Risiko mehr: Junge Hunde werden
geimpft, erstmalig mit sechs Wochen, dann
mit acht Wochen. Und wenn diese Impfung
im Alter von zwölf Wochen noch einmal

Bis ein Welpe zwölf Wochen alt ist, darf er fast alles. Sogar am Futternapf darf er sich als erster bedienen.

wiederholt wird, reicht der Impfschutz für das ganze nächste Jahr. Früher waren Welpen billig und erwachsene, gesunde Hunde teuer. Heute ist es umgekehrt. Warum? Weil die moderne Medizin das Aufzuchtrisiko fast auf Null gesetzt hat. Und weil junge Hunde in ihrer Entwicklung sogenannte „sensible Phasen" durchlaufen, die für den Halter enorme Vorteile bieten und die er im eigenen Interesse nutzen kann: Je früher nämlich Hunde „ihren" Menschen kennenlernen, desto fester und vertrauensvoller binden sie sich an ihn, und je früher sie sich binden, desto einfacher wird für den Menschen der Umgang mit ihnen und ihre Erziehung.

Vier Wochen lang sind Hunde „Nestlinge", nur versorgt und bewacht von der Mutter, die außer ein paar ganz Auserwählten, die sie kennt und denen sie vertraut, niemanden sonst an ihre Kleinen läßt. Die Welpen kennen nur dieses enge Rudel, sonst nichts. Mit vier Wochen aber verlassen die Kleinen das Nest, erst nur ganz kurz, um sich zu lösen (Hunde sind angeborenerweise stubenrein), dann auch aus Neugierde. Von Tag zu Tag werden ihre Ausflüge größer und ihre Unternehmungslust stärker. Jetzt nehmen sie zu allem Kontakt auf, was es außer dem engsten Welpenrudel sonst noch gibt, und lernen, damit umzugehen. Sind die Welpen sechs Wochen alt, beginnt die Mutter die Kleinen abzustillen. Erst stillt sie nur noch im Stehen, dann lieber überhaupt nicht mehr. Und nach spätestens acht Wochen hat sie von ihrer ganzen Bagage absolut die Nase voll und übergibt sie (und die Verantwortung für die Rasselbande) an den Vater, den Onkel, die Tante, die schon lange darauf gewartet haben und doch nie zu nahe kommen durften.

Der Vater, der Onkel, die Tante zeigt den Kleinen dann die Welt, lockt sie hinaus, spielt, tobt mit ihnen, läßt sich jagen und zausen - mit einer Engelsgeduld und ohne jede Härte. Aber wenn er oder sie sagt: „Schluß jetzt!", dann muß auch Schluß sein. Und wenn die Kleinen dann zwölf Wochen alt sind, sind sie begeisterte Olympioniken geworden, für die das Motto gilt: „Dabeisein ist alles!" Sie lieben ihr Rudel und ihre Welt. Sie wissen, daß sie im Schutz der Großen sicher sind, daß ihnen gar nichts passieren kann, auch dann nicht, wenn sie ab und zu einmal ganz unwirsch angeraunzt und zusammengestaucht werden. Ihr Vertrauen ist unendlich. Und ihr Respekt vor den Großen auch.

Und genau in dieser Zeit, mit dem dritten Monat, beginnt im natürlichen Hunderudel die Erziehung. Von einem auf den anderen Tag verliert der Welpe seine Vorfahrt am Futter. Er muß lernen zu warten. Von einem auf den anderen Tag hat er auch keinen freien Zugang mehr zum Spielzeug oder zum Kauknochen, und er darf die Großen auch nicht mehr ungestraft anmachen oder beim Dösen oder Arbeiten stören. Er muß lernen zurückzustecken und sich ins Rudel einzupassen - sonst gibt's was. Und mit rund sechs Monaten ist aus dem einst so selbstbewußten kleinen Egoisten ein Junghund geworden, der gelernt hat, seine eigenen Wünschen hintanzustellen und abzuwarten, der bereit ist, sich ins Rudel einzuordnen.

Hat er das gelernt, beginnt im Hunderudel die „Schulzeit". Nun muß der Junghund die Techniken eines „erfolgreicher Rudeljägers" lernen. Er muß lernen, wie man Fremde verbellt (oder nicht), wie man Katzen jagt (oder nicht), wie man Mäuse fängt. Mit etwa acht bis neuen Monaten aber, noch mitten in der Schulzeit, kommt jeder Hund in die Pubertät. Und die Pubertät ist nicht nur bei Menschen, sondern auch bei Hunden eine mitunter recht nervige Zeit, in der das Ei unbedingt klüger sein will als die Henne und in der die gerade eben erst eingeschliffenen Beziehungen und Bindungen sich auch lösen oder auf den Kopf stellen können - je nach Temperament, Aufmüpfigkeit und Belastbarkeit beider Seiten. Aber: Hunde haben keine Flegeljahre, sie haben nur Flegelmonate. Nach spätestens noch mal neun Monaten ist diese Krisenzeit vorbei, die Rudelordnung ist (wieder?) hergestellt und alles (hoffentlich) im Lot.

Einen jungen Fast-noch-Nestling (unter acht Wochen) zu übernehmen, ihn womöglich noch mit der Flasche selber aufzuziehen, bedeutet, daß die Bindung zwischen Mensch und Hund maximal wird: Der kleine Hund wird seinen Menschen als seine Mutter erleben, er wird sein „Urvertrauen" ihm gegenüber auf alle Menschen übertragen und ein durch und durch auf Menschen sozialisierter Hund werden. Aber: Hunde müssen innerhalb der ersten Wochen nicht nur auf Menschen sozialisiert werden. Sie müssen auch auf Hunde sozialisiert werden (Die Experten sprechen deshalb von der „doppelten Sozialisation der Haushunde"). Ein zu früh aufgenommener, womöglich noch mit der Flasche aufgezogener Hund, der in den ersten acht bis zwölf Wochen kaum oder keine Kontakte zu Hunden hatte, der bleibt ewig ein „behinderter" Hund: Er lernt die Hundesprache nicht mehr, er weiß nicht, wie man mit Hunden umgeht, er hält Hunde für Wesen von einem fremden Stern, die man je nach Temperament und Wesen angeht oder flieht. Er traut nur Menschen, und sein Halter erlebt jeden Spaziergang draußen als Dauer-Streß. Die Adoption eines Noch-Nestlings kann eigentlich auf Dauer nur dann gut gehen, wenn noch mindestens ein Hund mit im Haus lebt, der den Winzling mit-adoptiert und ihm gegenüber die Rolle von Mutter, Vater, Onkel, Tante und Geschwistern gleichzeitig übernimmt.

Ein Briardwelpe beim Autotraining. So wird diese Art der Fortbewegung für ihn völlig selbstverständlich.

Züchter, die ihre Hunde sehr lieben und nichts falsch machen wollen, geben deshalb ihre Welpen erst dann ab, wenn die sensible Phase der „Doppel-Sozialisation", in der so leicht etwas schief laufen kann, schon hinter sich haben und voll geimpft sind, also im Alter von zwölf Wochen. Aber mit zwölf Wochen kennt jeder Welpe jedes Rudelmitglied, einzeln und persönlich, und hat sich bereits gebunden. Sein Rudel ist seine Welt, und - eigentlich - will er dort bleiben.

Einen älteren Welpen zu übernehmen, bietet also keine Vorteile. Im Alter von drei Monaten beginnt nämlich im natürlichen Hunderudel die „Grunderziehung", und

Mit acht Wochen, wenn auch erwachsene Hunde mit der Erziehung beginnen, ist der beste Zeitpunkt einen Welpen zu adoptieren.

die setzt Vertrauen und Liebe voraus – beim Zuerziehenden. Woher aber soll der Welpe sein Vertrauen und seine Liebe zum neuen Halter haben, wenn der ihn aus dem vertrauten Rudel und dem schönsten Miteinander rausholt? Der Neubesitzer muß sich also ganz schnell das Vertrauen und den Respekt seines Schützlings erarbeiten. Das kann gut gehen, das kann sich aber auch über Monate hinziehen und die eigentlich angesagte Erziehung sehr behindern. Und deshalb verkaufen alle Züchter großer Hunde, bei denen eine

gute Grunderziehung das A und O des späteren Miteinanders ist, ihre „Riesenbabys" möglichst im Alter von acht Wochen.

Die Frage nach dem günstigsten Adoptionsalter ist also leicht zu beantworten: Das günstigste Alter ist, wenn der Kleine acht Wochen alt ist. Dann ist er abgestillt, dann hat sich die Mutter zurückgezogen, und der Kleine wartet begierig und vertrauensvoll darauf, unter dem Schutz irgendeines „Großen" jetzt die weite Welt zu erobern. Im natürlichen

Hunderudel würden sich die Kleinen jetzt dem Vater, der Tante, dem Onkel anschließen, ihm folgen und alles von ihm lernen. Im gemischten Mensch-Hund-Rudel kann zu dieser Zeit ein bis dahin für den Welpen noch vollkommen fremder Mensch diese Vater-, Onkel-, Tantenrolle übernehmen. Und das Hundchen wird ihm folgen, ganz selbstverständlich und voller Vertrauen.

Doch nun kommt schon wieder ein Aber: Das Auf- und Erziehen eines unternehmungslustigen Welpen ist kein Zuckerschlecken. Das kostet Zeit und Nerven, zerbissene Schuhe, bepinkelte Teppiche, angenagte Stuhlbeine und zerfledderte Sofakissen. Einen kleinen Welpen kann man auch nicht zu Beginn des Jahresurlaubs kaufen und ihn dann - vier Wochen später - allein zu Hause lassen. Die Grunderziehung eines Welpen dauert vorweg erst einmal sechs Monate und mehr. Dann kommt die kritische Pubertät, die man als Halter nur dann unbeschadet übersteht, wenn man in der Grunderziehung keine Nachlässigkeiten gezeigt hat, und erst danach die „richtige Lehrzeit" und Einordnung des Hundes als zuverlässiges Familienmitglied und als Rudelhelfer.

Wer soviel Zeit und Nerven nicht investieren kann, weil er berufstätig ist, oder weil er seinen Hund nicht mindestens ein Jahr lang überallhin mitnehmen kann, der sollte sich einen erwachsenen Hund ins Haus holen, der seine Lehrzeit schon hinter sich hat, der es gewöhnt ist, sich einzuordnen und auch stundenweise allein zu bleiben. Diese unendlich tiefe Mutter-Vater-Kind-Beziehung wird sich zwischen ihm und dem erwachsenen Hund nicht mehr herstellen. Ein erwachsener Hund bringt auch seine Geschichte mit, und in dieser Geschichte kann es schon ganz dunkle Kapitel geben. Da muß man mit der Auswahl vorsichtig sein. Und da sollte man auch schon ein Minimum an Hundekenntnis und Hundeerfahrung mitbringen. Ein Acht-Wochen-Welpe (vom guten Züchter!!!) dagegen ist bereit, mit jedem, der kommt, gemeinsam eine ganz neue Geschichte zu schreiben. Aber für diese Geschichte braucht man, wenn sie gut werden soll, Zeit, Nerven und Geduld, Geduld und nochmals Geduld.

HUNDE AUS ZWEITER HAND

Die Zeitungen sind voll mit Anzeigen wie : „Hilfe! wir müssen uns von unserem Rotti trennen", oder: „Husky-Rüde in liebevolle Hände abzugeben", und die Tierheime sind noch voller. Waren die Tierheime früher nur dazu da, die armen Kerlchen aufzunehmen, die aus qualvoller Haltung gerettet wurden und bei deren Übernahme der neue Halter mit Schwierigkeiten rechnen mußte, so sind sie heute voll mit Scheidungs-, Erbschafts-, Wohnungs- und Allergiewaisen, die dort, wohlversorgt und in mitunter sogar hundegerechter Rudelhaltung, nur auf ein neues Zuhause warten.

Tierheimhunde sind heute im Schnitt meist viel besser als ihr Ruf, der noch aus vergangenen Zeiten stammt. Wer also einen erwachsenen Hund kaufen will

Rassehunde, wie dieser Tibet Terrier, landen ebenso im Tierheim wie Mischlinge.

Ein erwachsener Hund ist kein unbeschriebenes Blatt. Er bringt all seine guten und schlechten Erfahrungen mit.

(oder muß), der sollte sich von dem schlechten Image der „Hunde aus zweiter Hand" nicht abschrecken lassen: „Hunde aus zweiter Hand" sind in den meisten Fällen besser als erwachsene Hunde „aus erster Hand", Hunde vom Züchter selber.

Wenn ein Züchter einen Hund aus seinem Wurf behält, dann hat das zwei Gründe:

1. Er will den Hund für die Zucht behalten.
2. Er ist den Hund im Welpenalter nicht losgeworden.

Wenn er ihn dann ein Jahr später wieder anbietet, hat das wieder zwei Gründe:

1. Der Hund hat sich für die Zucht als untauglich erwiesen.
2. Er ist den Hund immer noch nicht losgeworden.

Beide Gründe aber sind keine guten Gründe. Sie zeigen eigentlich nur eins: Der arme Hund hat nicht viel Zuwendung und Liebe bekommen, er ist ohne einen zuverlässigen „Partner Mensch" aufgewachsen, und das einzige, was er gelernt hat, war wohl, daß man von Menschen nichts lernen kann. Das aber ist keine gedeihliche Grundlage für ein gemeinsames Leben.

Wer einen erwachsenen Hund kaufen und mit ihm leben will, der sollte sich keinen Hund kaufen, der sein ganzes bisheriges Leben lang nur im Zwinger gesessen oder „draußen bei den Schafen" verbracht hat. Zwingerhunde, Hofhunde, Schafhunde werden nie zuverlässige Familienhunde. Dann lieber einen Hund aus zweiter (oder dritter) Hand, der als Welpe in gute Hände kam, dann aber „umständehalber" abgegeben werden mußte.

Trotzdem: Erwachsene Hunde sind erwachsene Hunde. Sie haben ihre sensiblen Phasen hinter sich. Sie sind nicht mehr „leicht erziehbar". Sie tragen ihre Geschichte, ihre Gewohnheiten, ihre Macken mit sich. Und mit all dem muß man fertig werden. Geben Sie sich also mit dem Kauf ihres „Großen" noch mehr Mühe, als sie es mit dem Kauf eines Welpen täten: Wenn Sie einen Welpen suchen, können Sie von Züchter zu Züchter fahren und gucken - Züchter zeigen ihre Welpen gerne. Wenn Sie aber einen erwachsenen Hund haben wollen, dann sollten Sie sich vorher im Klaren sein, was Sie und ob Sie das überhaupt wollen.

Wenn Sie einen erwachsenen Hund kaufen wollen, prüfen Sie sich (und nicht den Hund) lange, schauen Sie sich bei anderen, glücklichen Hundehaltern um, lesen Sie Hundebücher, informieren Sie sich genau, und setzen Sie Ihren Wunsch erst dann in die Tat um, wenn Sie genau wissen, was und welche Rasse oder Rasse-Mischung

Sie haben wollen. Machen Sie sich dann, wenn es ernst wird, einen Zettel, und fragen Sie: nach Rasse, Alter, Vorgeschichte, Gewohnheiten, Macken. Lassen Sie sich nicht einschüchtern, wenn Sie hören: Die Hündin hat ein Kind gebissen, der Rüde keilt mit anderen Rüden. Hündinnen, die aufmüpfige Kinder nicht mögen, können ideale Begleiterinnen werden. Und Machos, denen man die männliche Konkurrenz vom Hals hält, können sich zu „Traumhunden" entwickeln. Lassen Sie sich allerdings auch nicht einlullen von der Mode-Ausrede heutzutage: „Der Hausarzt hat eine Hundehaarallergie festgestellt, und deshalb müssen wir..." Hundehaarallergien treten heute besonders häufig zu den Zeiten auf, in denen der Hund in die Pubertät kommt und nicht mehr als Spielzeug oder Schmusebär mißbraucht werden will.

Fragen Sie nach und hören Sie genau hin. Aber wenn Sie dann da sind und Ihrem Vielleicht-mein-Hund gegenüberstehen, entscheiden Sie sich schnell und spontan. Wenn der Hund, der Ihnen gegenübersteht, nicht der ist, den Sie suchen, wenn Skrupel und Zweifel bleiben und weder bei Ihnen noch bei dem Hund so etwas auftaucht wie „Liebe auf den ersten Blick", dann lassen Sie Ihre Pläne fallen: Welpen, in die sich jeder gleich verliebt, kauft man am besten mit dem Kopf. Bei erwachsenen Hunden aber muß das Herz sprechen:

Und kaufen Sie nie einen erwachsenen Hund aus zweiter Hand nur deshalb, weil er billiger ist als ein Welpe vom guten Züchter. Die (maximal) 1000 Mark, die sie sparen, zahlen Sie möglicherweise ganz schnell wieder drauf. Kaufen Sie nur, wenn Sie sich und Ihre Motive genau geprüft haben, wenn Sie sicher sind, daß Sie mit allen Problemen, die auftauchen, schon fertig werden - und wenn Sie schon einen Grundstock an Hundeerfahrung mitbringen, denn „gebrauchte" Hunde kauft man wie gebrauchte Autos: wie besehen und auf eigenes Risiko.

WEIHNACHTSHUNDE - UND IHRE NATÜRLICHEN HANDICAPS

Es war alles so schön geplant: Mutter hatte die Anzeige in der Zeitung gefunden und alles arrangiert. Vater hatte den Welpen abgeholt und bei Oma abgestellt. Oma kam pünktlich zur Bescherung, und Lena war glücklich: Ein Goldie unterm Weihnachtsbaum. Doch Klein-Goldie bekam Durchfall. „Das ist normal," sagten die um die Festtafel versammelten Experten. „Der braucht nur Ruhe. Das gibt sich wieder." Ruhe war jedoch im Feiertagstrubel schwerlich herzustellen, und Goldies Durchfall gab sich nicht. Als die Weihnachtsferien dann vorbei waren, lag ein matter, aber genesender Goldie im Körbchen. Und eine Tierarzt-Rechnung lag auf dem Tisch, die dem stolzen Welpen-Kaufpreis kaum nachstand.

Klein-Goldie wurde gesund, mit Diätfutter und Aufbaumitteln. Aber ein richtig stattlicher Hund wurde er nie. Er blieb sein Leben lang das von allen umhegte Sorgenkind und Stammkunde beim Tierarzt.

Die Freude ist leider oft schnell verflogen. Vier Wochen nach Weihnachten füllen sich die Tierheime mit unbequem gewordenen „Geschenken".

Warum „Weihnachtshunde" so oft Problemhunde werden und bleiben, das hat vor allem einen Grund:

In unseren nördlichen Breitengraden müssen alle heimischen Wildtiere mit dem Winter zurechtkommen. Europäische Wölfe und Füchse, die beiden hundeartigen Raubtiere unserer Gegend, haben ihre bestimmten, festen Ranzzeiten und bringen ihre Jungen so zur Welt, daß sie ausgewachsen und belastbar sind, bevor der Winter beginnt.

Hunde sind keine heimischen Raubtiere. Die Urväter unserer Hunde stammen nicht aus unseren nördlichen Breiten, sondern aus südlichen, winterfreien Gebieten. Und deshalb haben Hunde keine festen Ranzzeiten, sondern wechselnde. Eine Hündin wird erstmalig läufig, sobald sie ausgewachsen ist. Und dann immer wieder, wenn ihre Welpen selbständig wären, also alle sechs oder acht oder zehn Monate. Der angeborene Zyklus einer Hündin hängt also nicht von der Jahreszeit ab - wohl aber von ihrer Umgebung und ihrer Nachbarschaft: Die Gegenwart einer dominanten Althündin verzögert die Läufigkeit der Junghündin, die Gegenwart interessierter Rüden dagegen beschleunigt sie. Und darüber hinaus ist Läufig-Sein offensichtlich ansteckend: Wird eine Hündin läufig, werden es in ihrer Umgebung alle, auch dann, wenn das in den persönlichen Jahresrhythmus eigentlich nicht hineinpaßt.

Die Fruchtbarkeit einer Hündin ist also manipulierbar. Und sie wird manipuliert - von Menschen, die „Weihnachtshunde" verkaufen wollen: Sie lassen die Hündin fristgerecht im August decken. Und wenn ihre Welpen das Licht der Welt erblicken, verabschiedet sich gerade die goldene Oktobersonne. Die Welpen wachsen bestenfalls unter Rotlicht und mit künstlichen Vitaminen auf. Doch Rotlicht macht nur warm. Und künstliche Vitamine können - in bester Absicht reichlich gegeben - sogar lebensgefährlich sein. Was jeder Welpe und jedes Menschenbaby aber braucht für den Aufbau des Knochenskeletts und zur Entwicklung der allgemeinen Vitalität, ist natürliches Sonnenlicht.

Wenn diese Welpen dann im Alter von acht bis zehn Wochen unterm Weihnachtsbaum hocken, dann haben ihnen schon zwei bis vier Wochen lang Licht und Luft gefehlt. Und weil Junghunde sich mit einer Geschwindigkeit entwickeln, die mehr als zehnmal so schnell ist wie die eines Menschenkindes, sind diese zwei bis vier Wochen soviel wie zwanzig bis vierzig Wochen im Menschenleben. Das läßt sich kaum wieder gutmachen.

Was also tun mit dem kleinen Weihnachts-Wonneproppen, damit aus ihm nicht letztendlich ein avitales, rachitisches Hinkelchen wird?

Zunächst einmal: Ruhe bewahren, keine Wunder erwarten und einen Tierarzt suchen, der sein Handwerk versteht und nicht immer gleich mit Kanonen auf Spatzen schießt. Und dann: Raus mit dem Kleinen in die Winterluft. Auch wenn der Himmel noch so nebelverhangen ist, zehn UV-Strahlen der Sonne kommen durch und zwei davon schnappt sich vielleicht Ihr Hundchen. Planen Sie aber keine gro-

Licht, Luft und Sonne sind unverzichtbar für eine gesunde Entwicklung.

ßen Ausflüge. Dafür ist das Hundchen noch zu klein. Gehen Sie lieber zehnmal am Tag für fünf Minuten, solange es hell ist.

Am besten aber ist: Sie kaufen keinen „Weihnachtshund". Sie machen mit so einem Kauf nur sich und Ihrem Hund das Leben schwer. Wenn unbedingt ein Hund unterm Weihnachtsbaum sitzen soll, dann kaufen Sie einen Stoffhund. Legen Sie ein passendes Buch zum Schmökern und Lernen dazu und einen unterschriebenen Scheck. Nutzen Sie die Weihnachtspause, um sich umzusehen. Suchen Sie sich jetzt „Ihren" Züchter. Und warten Sie. Verantwortungsvolle Züchter warten auch. Sie ziehen ihre Welpen nicht unter der Höhensonne, sondern unter der natürlichen Sonne auf.

Welcher Hund paßt zu mir?

Ob der neue Hund blond, braun, schwarz oder bunt sein soll, kurz-, lang-, zott- oder stockhaarig, darüber haben Hundehalter in spe immer ganz genaue Vorstellungen. Auch Größe, Rasse und Geschlecht stehen vorher meist schon unumstößlich fest. Und als Grundlage dieser Entscheidungen dienen zum einen irgendwelche „Traum-hunde" aus der Nachbarschaft oder aus fernen Kindertagen, zum anderen immer wieder gehörte, landläufige Vorurteile, und dann natürlich auch noch der aktuelle Modetrend, kreiert vor allem von Walt-Disney-Filmen, Fernseh-Serien oder Werbespots.

Aber gute Züchter richten sich nicht nach solchen Trends. Sie bleiben ihren Hunden und ihrem Zuchtstil treu und beobachten nur verärgert und besorgt, wie überall im Lande „Hobby-Züchter" und Hundehändler aus dem Boden sprießen, absahnen und letztendlich der Rasse

Keinem Hund hat es je gut getan, in Mode zu sein. Was „in" ist, wird vor allem in Osteuropa in Massen „produziert" und hier bei uns verkauft.

Bernhardiner mit 75-80 kg Gewicht sind die Regel.

schaden und sie in Verruf bringen. Doch auch die ganz offizielle, kontrollierte Zucht unterliegt Moden. Zwar gibt es für jeden Hund einen festgelegten Rasse-Standard, der für alle gilt. Aber dieser Standard wird ausgelegt. Und diese Auslegung unterliegt Zeit-Strömungen. Ein moderner Schäferhund, Hovawart oder Whippet sieht einfach nicht mehr so aus wie vor 50 Jahren.

Daß man Hunde auch nicht beliebig klein oder groß züchten kann, hat sich bei den Zwergrassen oder den verzwergten Größeren inzwischen herumgesprochen:

Kluge Züchter verkaufen ihre kleinen Hündinnen und die „großen" Rüden. Sie behalten für die Zucht eine „große" Hündin und paaren die mit Zwerg-Rüden. Die kleinen Rüden sollen den Zwergwuchs vererben, die „große" Hündin soll „normal" (= ohne Kaiserschnitt und medizinische Eingriffe) gebären. Mit den nicht zuchttauglichen großen Rüden ist man als Käufer gut bedient: Die werden „ganze Hunde". Die kleinen Hündinnen dagegen bleiben Sorgenkinder, denn jede ungewollte, nicht verhinderte Schwangerschaft kann zur Katastrophe führen.

Solche Sorgen haben die Halter großer Hunde nicht. Sie haben andere. „Die Aufzucht großer Hunde ist nun mal schwierig", sagen die Züchter dann achselzuckend und: „Große Hunde sind nun einmal kurzlebig." Aber beide Aussagen sind falsch: Barry, der Ur-Bernhardiner, lebte und arbeitete zwölf Jahre im St. Berhardshospiz, ehe der Abt ihn ins Tal schickte, wo er noch zwei Jahre lang zufrieden und gesund seine Rente genoß. 14 Jahre alt und mehr werden auch heute noch jene „Hunde-Riesen", die erst seit kurzem „in züchterische Obhut" gekommen sind und in ihrer Heimat heute noch als „Arbeitshunde", „Herdenschutzhunde" gehalten werden. Diese Hunde sind große Hunde: 70 cm Schulterhöhe und mehr können sie durchaus mitbringen. Aber - und dieses Aber ist wichtig: Sie sind nie schwerer als 55, maximal 60 kg!

Die Natur hat den Hundezüchtern Grenzen gesetzt. Und diese Grenzen liegen irgendwo zwischen 5 und 55 kg Gewicht (± 10%). Ein Hund, der weniger wiegt als 5 kg (-10% = 4,5 kg), ist und bleibt immer ein Sorgenkind. Einer, der mehr wiegt als 55 kg (+10% = 60,5 kg), genauso. Auch oder gerade wenn die Züchter es häufig genug nicht tun, beachten Sie diese Grenzen, wenn Sie mit Ihrem Hund glücklich und zufrieden leben wollen. Ihr Hund wird es Ihnen mit vermehrter Vitalität und längerem Leben danken.

Schauen Sie sich beim Züchter die Mutter und alle Welpen genau an. Kaufen Sie sich von den Kurzschnäuzigen den Langschnäuzigsten, von den „Faltigen" den Glattesten, von den „Prächtigen" den

mit dem kürzesten Fell, von den „Kleinsten" den Größten, von den „Größten" den Kleinsten. Der Züchter wird Sie zwar für einen Banausen halten, und „einen Blumentopf gewinnen" können Sie auf Vereinsschauen dann auch nicht. Aber Sie und Ihr Hund, sie beide können davon nur profitieren.

Informieren Sie sich, fragen Sie nach typischen Erkrankungen, nach der Lebenserwartung. Und wenn Sie das Gefühl bekommen, niemand antwortet redlich und alle was anderes, dann machen Sie einen Termin bei einem alteingesessenen und berufserfahrenen Tierarzt in Ihrer Nähe aus. Tierärzte verkaufen und vermitteln üblicherweise keine Hunde. Aber sie kennen ihre Dauerpatienten.

RÜDE ODER HÜNDIN - DER KLEINE UNTERSCHIED

Diese Frage stellt sich jeder, der sich einen Hund zulegen will, gleich als erste und entscheidet sie meist gegen die Hündin: Klar, jede Hündin wird ein- bis zweimal pro Jahr läufig. Das macht Schmutz, bringt Ärger, und wenn man nicht aufpaßt, hat man einen Wurf Welpen, die vermittelt werden müssen. Doch die regelmäßigen Läufigkeiten der Hündin sind nicht halb so schlimm, wie man gemeinhin befürchtet. Und sie haben einen großen Vorteil: Man kann etwas dagegen tun. Läufigkeiten sind nämlich nicht einfach „nur natürlich" oder gar „gesund", wie mitunter behauptet wird. Im Gegenteil: Jede Läufigkeit (mit möglicherweise nachfolgender Schein-schwangerschaft oder gar Geburt) belastet den Organismus der Hündin. Je häufiger eine Hündin läufig, scheinträchtig, schwanger wird, desto größer ist die Wahrscheinlichkeit, daß sie an entzündlichen Prozessen erkrankt. Wer seine Hündin liebt und ihr ein langes, gesundes Leben wünscht, sollte ihr also (im eigenen Interesse) möglichst bald diese „weiblichen Risiken" abnehmen.

Zu diesem Zweck bieten sich zwei Methoden an: die Läufigkeitsunterdrük-kung durch Hormonspritzen oder die Kastration.

Die Kastration ist heute noch die beliebteste Methode. Für sie werden immer zwei Argumente angeführt:

1. Was nicht mehr da ist, kann sich auch nicht mehr entzünden.
2. Der Hormonhaushalt einer Hündin ist so kompliziert, daß man da lieber nicht eingreifen sollte.

Aber: Die Kastration ist selber ein Eingriff in den Hormonhaushalt. Die Hündin kann

Eine läufige Hündin wird von einem Verehrer gestellt. Aber sie will nichts von ihm wissen.

Mit einem Rüden „Gassi" zu gehen dauert länger, denn er muß viele Duftzeichen setzen.

nämlich alle Sexualhomone auch in der Nebennierenrinde herstellen. Nach einer Kastration fehlt ihr dann allerdings das Zielorgan für diese Produktion, und damit ist ein mögliches Stoffwechsel-Chaos vorprogrammiert. Die Folgen (Harnträufeln, Hautprobleme, Fellveränderungen, Streßanfälligkeit, Depression, Heißhunger und anderes mehr) stellen sich nicht immer und überall gleich ein, und sie betreffen auch meistens nur Hündinnen, die schwerer sind als 20 kg. Aber wenn, dann sind diese Folgen schwerwiegend und können wiederum nur durch Hormon-Gaben von außen korrigiert werden. Deshalb gibt es Tierärzte, die sagen, die heute fast schon landesweit übliche, prophylaktische Kastration von Hündinnen sei im Grunde nichts anderes als fahrlässige Körperverletzung und damit ein Verstoß gegen das Tierschutzgesetz.

Risikoloser ist auf jeden Fall „die Pille", eine Hormon(Gestagen)-Injektion, die - zur rechten Zeit gesetzt - dem Körper eine andauernde hormonelle Ruhepause (= Anöstrus) vorgaukelt und damit die Bildung jener Hormone verzögert, die eine neue Läufigkeit (= Östrus) einleiten. Für die risikolose Verwendung der „Pille" gibt es nur zwei Grundvoraussetzungen:

1. Die Hündin muß gesund sein, und
2. die Injektion darf nicht zur falschen Zeit

(im Östrus) gesetzt werden. Der Halter muß sich also an feste Termine halten. Und er sollte auf das Gewicht der Hündin achten: Gestagene wirken leicht beruhigend, und wer weniger tobt und doch frißt, wird schneller dick.

Für Rüden dagegen gibt es keine „Pille", obwohl man die gerade für sie häufig gut gebrauchen könnte: Ein Rüde ist nämlich potentiell das ganze Jahr über „läufig". Hat er irgendwo eine heiße Hündin gewittert, dann gibt es kein Halten mehr. Er entwischt, sobald er kann. Kann er nicht, dann jankert er, jault und verweigert mitunter wochenlang das Fressen. Ein Rüde auf Brautschau ist eine nervige Geschichte für den Halter, und er selbst ist ständig in Lebensgefahr.

Wer in einer Gegend, in der lauter Hündinnen leben, in Ruhe einen Rüden halten will, der hat nur zwei Möglichkeiten:

1. Er läßt seinen Rüden noch im Kindesalter kastrieren, denn ein späterer Eingriff hat nicht mehr viel Sinn. Hat ein Rüde erst einmal an „männlichen" Aktivitäten Gefallen gefunden - am Streunen, Raufen, Präsentieren, wird er diese Angewohnheiten auch als Kastrat nicht ablegen.

2. Er kauft für seinen Rüden eine Hündin (und gibt der die „Pille"). Hunde leben gern in geordneten Verhältnissen, in einem festen Rudel. Und zu einem festen Rudel gehört - als Rudelchefin - eine Hündin, die ihren männlichen „Helfern" ganz schnell das „Fremdgehen" abzieht.

Im natürlichen Hunderudel, dort, wo sich kein Mensch mit seinen Vorstellungen von Rangordnung und Alfa-Rüden, einmischt, spielt immer die dienstälteste Hündin die erste Geige: Sie zieht die Jungen auf, pflegt, versorgt und erzieht sie. Und sein Leben lang vergißt kein noch so selbstbewußter Rüde diese dominante Mutter. Im Gegenteil: Rüden sind Hündinnen gegenüber immer nachgiebig, respektvoll. Der Rüde, der von sich aus eine aus- und erwachsene Hündin angeht und dominiert, der ist krank im Kopf. Doch der immer wieder zitierte Spruch: „Rüde und Hündin vertragen sich immer," bedarf dringend eines Nachsatzes: „solange die Hündin den Rüden duldet."

Hündinnen sind - auch wenn es meist so aussieht - durchaus nicht das schwache Geschlecht. Sie können, wenn's ans Eingemachte geht, ganz kompromißlos und ohne männliche Schaukämpfe zur Sache kommen. Gerade Hündinnen können ausgesprochen „rüde" sein.

Hündinnen sind durchaus nicht immer einfacher zu halten und zu erziehen. Sie haben Rüden gegenüber eigentlich nur zwei Vorteile: Sie sind haustreuer und deshalb wachsamer. Und sie werden nur ungern und nur in Notfällen „rüde". Wenn eine Hündin sich durchsetzen will, verlegt sie sich viel lieber aufs Taktieren und Paktieren.

Es ist verblüffend, mit welcher Sicherheit sie sich aus einem menschlichen „Rudel" den (meist männlichen) Helfer heraussucht, der ihre Interessen am wirksamsten vertritt. Männer halten sich lieber Hündinnen, sagt man. Aber andersrum ist

Ob erwachsene Frau oder Mädchen · an ihrer Seite beweisen Rüden meist Manieren.

das genauso richtig: Hündinnen halten sich gerne Männer.

Rüden dagegen sind „Machos": Sie sind stolz auf ihre Männlichkeit, präsentieren sich gerne und lieben jeden, der sie auch liebt und ihre Männlichkeit bewundert. Es ist deshalb auch nicht verwunderlich, daß ausgerechnet die kräftigsten Rüden häufig die anhänglichsten (und führigsten) Kumpane eher zierlicher Frauen sind. Die Menschenfrau genießt den „männlichen Schutz" an ihrer Seite ohne irgendwelche Konkurrenzprobleme: Sie ist es ja gewohnt, daß „Männer" stärker sind. Der Rüde genießt diese Anerkennung und folgt problemlos. Problematisch werden diese Frau-Rüde-Beziehungen eigentlich immer nur dann, wenn sich ein mensch-

Wenn er lossprintet, schleift er auch einen kräftigen Mann hinter sich her.

licher Macho einmischt und „das Sagen" über beide übernehmen will.

Mit Hündinnen hat man solche Probleme weniger. Nicht deshalb, weil Hündinnen nachgiebiger seien, wie immer gesagt wird. Sondern deshalb, weil sie selbständiger sind: Eine Hündin sucht sich ihre Helfer selbst aus und - übersieht dann den Rest. Und mit Hilfe dieser Helfer setzt sie sich durch - zur Not auch von hinten durch die Brust ins Auge.

Schauen Sie sich, ehe Sie sich für Rüde oder Hündin entscheiden, also vorher die Hunde Ihrer Umgebung an: Leben drumherum hauptsächlich Hündinnen, dann sollte Ihr Hund nicht der einzige Rüde sein. Er fiele von einer „Läufigkeit" in die nächste. Kaufen Sie sich lieber auch eine

Hündin. Gibt es drumherum allerdings nur Rüden, dann müssen Sie sich nicht auch noch einen kaufen. Sie könnten sich auch eine Hündin holen. Aber: Geben Sie ihr dann „die Pille".

WIEVIEL KILO HUND VERTRÄGT EIN MENSCH?

Hunde gibt es in jeder Größe und in jeder Statur. Und auch darin müssen sie zu ihrem Menschen passen. Mit Hunden geht man hinaus. Muß man hinaus. Und draußen, in dieser bunt gemischten Welt zwischen Fußgängern, Radfahrern, Autos, Kinderwagen und anderen Hunden, muß sich ein Hund manierlich benehmen, muß der Hundehalter seinen Hund zur Not auch - im wahrsten Sinn des Wortes - „halten" können.

Dieses Halten ist zunächst einmal eine Frage der Erziehung. Klar. Aber: Unverhofft kommt oft. Und betroffene Hundehalter gucken dann dumm aus der Wäsche und klagen: „Das hat er doch noch nie gemacht ..." Aber „noch nie" ist keine Ausrede und eine gute erst recht nicht: Ein Hundehalter MUSS seinen Hund halten können - auch in unverhofften Situationen. Und deshalb ist Hundehaltung nicht nur eine Frage der artgerechten Fütterung, Pflege und Erziehung. Sie ist von Zeit zu Zeit auch eine Frage der Kraft.

Wieviel Kilo Hund kann denn ein Mensch zur Not sicher „halten"?

Man könnte natürlich meinen: Ein 60 kg-Mensch ist genauso schwer wie ein 60 kg-Hund - das reicht. Aber das reicht nicht. Hunde-„Haltung" ist keine Frage des Gewichts, der Masse. Sie ist noch nicht einmal eine Frage der Kraft: Auch wer kräftig genug ist, seinen 30 kg-Schäferhund auf den Tierarzt-Tisch zu wuchten, kann ganz schnell ins Trudeln kommen, wenn derselbe Hund ihn begeistert anspringt, oder beim gemütlichen Bummel plötzlich von einem Rivalen angemacht wird und dann - hastewaskannste - losspringt.

Beim Umgang mit Hunden sind nicht nur Gewicht und Kraft ausschlaggebend. Wichtig ist vor allem der „Impuls", jener plötzliche Kraftstoß, mit dem ein Hund von einer Sekunde zur nächsten reagiert. Und diesen Impuls muß der Hundehalter auffangen können. Der Impuls aber ist eine Funktion aus Masse mal Geschwin-

digkeit. Und in bezug auf die Geschwindigkeit, die im Moment entwickelte „Schnellkraft", sind wir Menschen den Hunden immer haushoch unterlegen:

Die schnellsten Sprinter der Welt laufen die 100 Meter mit viel Training, Spikes und auf federnden Tartanbahnen in knapp zehn Sekunden. Das heißt: Sie erreichen nach etwa zehn Metern ihre Höchstgeschwindigkeit von maximal 40 Stundenkilometern und halten die dann durch. Ein untrainierter Durchschnittsmensch allerdings gilt schon fast als olympiareif, wenn er die Hälfte der Strecke (= 50 m) in derselben Zeit schafft und damit eine Geschwindigkeit von 20 Stundenkilometern erreicht.

Für Hunde aber sind kurze 20-Stundenkilometer-Sprints nichts Besonderes. Das schafft jeder noch so kurzbeinige Dackel. Für die meisten Hunde ist auch ein 40-Stundenkilometer-Sprint ein Klacks. Und die „richtigen" Sprinter unter ihnen bringen es sogar auf 60 Stundenkilometer, und das nicht nur über 100 Meter.

Warum jeder Hund, wenn's drauf ankommt, so viel schneller, so viel impulsiver ist als jeder Mensch, das hat mehrere Gründe:

1. Alle Hunde stehen beim Start auf vier Beinen und drücken sich von hinten nach vorne ab (wie menschliche Sprinter-Profis in den Startblöcken).
2. Alle Hunde tragen ihre Spikes immer an den Füßen. Sie laufen nie auf rutschigen Schuhen oder Plateausohlen.
3. Alle Hunde benutzen im Galopp das Rückgrat als Sprungfeder, die sie voran-

treibt. Menschen mit ihrem aufrechten Gang können das nicht.

4. Jeder Hund merkt immer schneller, wann wo was „los" ist - ein versteckter Igel, ein rauflustiger Rivale. Und dann kommt zum langsameren Impuls des Menschen immer noch die lähmende, menschliche Schrecksekunde dazu.

Wieviel Kilo Hund kann ein Mensch also zuverlässig und sicher halten?

Die Antwort ergibt sich, wenn man das Produkt aus Gewicht mal Geschwindigkeit bei Mensch und Hund vergleicht: Ben Johnson, der Supersprinter, könnte mit seinen 80 kg und seiner Sprintgeschwindigkeit von knapp 40 km/h (80 kg x 40 km/h = 320) jeden noch so spurtstarken Hund von 50 kg (50 kg x 60 km/h = 300) halten (320 > 300).

Ein „normaler" Mann, der ja kein Ben Johnson ist (und es auch nicht sein will), käme (80 kg x 20 km/h = 160) mit einem „normalen" Hund von 40 kg (40 kg x 40 km/h = 160) gerade noch zurecht, eine „normale" Frau (60 kg x 20 km/h = 120) mit einem „normalen" 30 kg-Hund (30 kg x 40 km/h = 120).

Das heißt: Ein normaler Mensch hält - auch in unverhofften Situationen - jeden normalen Hund, der weniger als die Hälfte des Gewichts des Halters auf die Waage bringt. ABER: Als das Gewicht des Halters muß hier das Idealgewicht angesetzt werden. Also bei Männern: Körpergröße in Zentimetern minus 100, bei Frauen: Körpergröße in Zentimetern minus 100 minus 10 Prozent. „Rettungsringe, „Pölsterchen", so attraktiv sie auch sein

mögen, sind keine sportlichen Vorteile, wenn es darum geht, schnell und sicher zu reagieren (Untergewicht allerdings auch nicht). Wer also Zweifel an seinem Standvermögen hat, wer sich einen Kurzsprint von 100 Metern schon gar nicht mehr zutraut, der sollte sich einen Hund zulegen, der deutlich leichter ist - und außerdem kein impulsives Temperamentsbündel: Einen gehbehinderten, älteren Menschen kann schon ein explosiver Rauhhaardackel in Schwierigkeiten bringen.

Für große Hunde, Hunde, die mehr als die Hälfte des eigenen Idealgewichts mitbringen, braucht ein Mensch viel Erfahrung. Und für Hunde, die groß und schnell sind, noch viel mehr. Ersthundehalter sollten deshalb, ehe sie sich ihren Traumhund, eine Deutsche Dogge oder einen Irischen Wolfshund, kaufen, es erst einmal mit einem Afghanen oder Boxer versuchen. Der „Kleine" wird sie häufig genug ins Stolpern bringen. Aber sie haben dann Gelegenheit, die wichtigsten Gebote zu lernen, ohne die problemlose Hundehaltung gar nicht möglich ist:

1. Gehen Sie mit lockerer Flexileine nur dort spazieren, wo Sie eigentlich gar keine Leine brauchen: Auch ein ganz gemütlicher Dackel kann im Losspringen das Fünffache seines Gewichts an Impuls entwickeln (American Staffordshires entwickeln das 30fache!!!). In eine derart gespannte Flexileine aber, die scharf ist wie ein Küchenmesser, greift ein vernünftiger Mensch nur einmal - aus Versehen und dann nie wieder.

Einen älteren Menschen kann auch ein kleiner, temperamentvoller Hund ins Stolpern bringen.

2. Rufen Sie, wenn Sie die Lage nicht übersehen können, Ihren Hund immer erst einmal zu sich: Sie sind ihm von der Reaktionsgeschwindigkeit her sowieso unterlegen. Vergrößern Sie dieses Handikap nicht noch dadurch, daß Sie ihm einen „fliegenden Start" ermöglichen.

3. Nehmen Sie ihn - soweit das möglich ist - in brenzligen Situationen beim Halsband. Sie spüren dann durch den Körperkontakt besser, was und ob er was vorhat. Und Sie können mit einem kurzen Aufwärtsruck seinen Vorwärtsdrang nach oben verpuffen lassen: Ein Hund, aufrecht auf zwei Beinen, ist genauso „behindert" wie ein Mensch (kleinere Hunde müssen dann „Bei Fuß" gehen und denselben Aufwärtsruck erwarten).

4. Behalten Sie Ihre Umgebung im Blick und gucken Sie mit „Hundeaugen": Die Schrecksekunde, jene Sekundenbruchteile, die vergehen, ehe man begreift und reagiert, die gilt für Mensch und Hund natürlich gleich. Aber überlassen Sie da Ihrem Hund nicht immer alle Vorteile.

5. Lassen Sie sich nie in Panik, Angst oder gar Wut bringen - auch nicht von dem zeternsten Zeitgenossen: Ihre Stimmung überträgt sich auf Ihren Hund. Sofort. Und es ist allemal besser, die Leute sagen, Sie seien ja arrogant, als daß sie sagen: „Ihr Hund ist bissig!!!"

6. Der Hund, der immer hört, den gibt es nicht, nicht neben Ihnen, nicht neben irgend jemandem: Seien Sie vorsichtig.

7. Erziehen Sie Ihren Hund - trotzdem - möglichst früh und möglichst sorgsam. Und lassen Sie ihn, nie auf dem Arm, sondern auf eigenen Füßen, aber dicht bei Ihnen, Erfahrungen sammeln mit der Welt draußen.

Wer genau wissen will, wie das ist mit dem Impuls, der Kraft und der Schnelligkeit, der kann das ausprobieren:

Er braucht dazu eine gerade Strecke von 30 bis 50 Metern Länge mit Start und Ziel, zwei Helfer, eine Stoppuhr, eine Waage, einen Hund und dessen Lieblingspartner. Zuerst rennt der Lieblingspartner los, während ein Helfer den Hund festhält. Sobald man sicher ist, daß der Lieblingspartner das Rennen gewinnt, wird auf Signal der Hund losgelassen, und der zweite Helfer stoppt dessen Zeit. Dann kann jeder, der Lust hat, auch mal rennen und seine Zeit stoppen lassen. Und dann wird gewogen und gerechnet. Eigentlich ist die Formel, mit der man den Impuls berechnet, kompliziert und lautet: $F \times (t_2 - t_1) = mv_2 - mv_1$. Aber wenn alle bei 0 (aus dem Stand) starten und die Strecke für alle gleich ist, kann man sich den Vergleich einfach machen. Man rechnet Gewicht : Zeit. Und wer die höchsten Werte erreicht, der hat gewonnen.

WIEVIEL ZEIT BRAUCHT EIN HUND?

Es gibt Schleichjäger und Laufjäger. Schleichjäger wie Katzen schleichen sich an und warten mitunter endlos auf den einen, alles entscheidenden Sprung. Hunde dagegen sind Laufjäger. Sie schleichen nicht heran, sie zeigen sich. Hunde sind für lange Verfolgungsjagden bestens ausgerüstet. Doch Hunde können nicht nur meilenweit laufen. Sie müssen laufen, um Herz, Kreislauf und Muskeln gesund und fit zu halten: Hunde brauchen Bewegung.

Das wissen alle, und der Gesetzgeber schreibt es sogar vor: Mindestens eine Stunde lang freien Auslauf täglich muß der Halter seinem Hund gewähren. Und wir ganz normalen Hundehalter tun das auch: Reichlich zwei Stunden, so ergab eine Umfrage des ENIGMA-Instituts, beschäftigt sich der deutsche Hundehalter mit seinem Kumpan, jeder fünfte sogar vier Stunden und mehr. Der übliche Hundespaziergang dauert im Schnitt eine halbe Stunde, jeder Dritte läuft sogar eine ganze Stunde und mehr. Das ist viel mehr, als das Gesetz verlangt. Es ist aber in vielen Fällen trotzdem viel zu wenig.

Kein Hund will langsam und gemütlich spazierengehen. Richtig Spaß macht es draußen erst mit „Action".

Jeden Tag einmal mit Hunde-Kumpeln nach Herzenslust toben und spielen, ist das Höchste.

Ein Spaziergang mit dem Hund ist für Menschen etwas Schönes, Sportlich-Erholsames. Für einen Hund, brav an der Seite des Menschen, ist so ein Spaziergang leicht eine Tortur. Hunde brauchen Bewegungsfreiheit. Und wieviel sie davon brauchen, das hängt von ihrem Alter, ihrem Gesundheitszustand und von der Rasse ab: Windhunde und Schlittenhunde, die aus weiten, waldlosen Steppen zu uns kamen, sind Dauerrenner. Sie brauchen, um sich wohl zu fühlen, jeden Tag einen 20-Kilometer-Sprint am Fahrrad oder vor dem Schlitten. Gemütlich spazierengehen, das ist nicht nach ihrem Geschmack. Doch frei laufen lassen darf man sie hierzulande meist nicht: Sie sind allesamt begeisterte und erfolgreiche Wilderer.

Auch alle Jagdhunde und alle Schäferhunde sind sehr bewegungsfreudig. Da sie aber leicht lernen, kann man sie, falls gut erzogen, durchaus von der Leine lassen und sich darauf verlassen, daß sie mit Leichtigkeit aus einem Fünf-Kilometer-

Weg einen Zehn-Kilometer-Weg machen. Die überschüssige Bewegungsenergie kann man dann in Apportierspielchen oder ernsthafte Arbeit stecken.

Rattler dagegen (die Spitze, Pinscher, Schnauzer, Terrier) sind, trotz ihres Temperaments und ihrer Ausdauer, eher zufrieden zu stellen. Alles, was ein Rattler neben seinem „Rudel" braucht, ist ein Areal, das er verteidigen darf, ein Stück Garten, in dem er nach Herzenslust buddeln und Mäuse jagen darf. Dann ist er auch mit kürzeren Ausflügen in die Welt glücklich.

Die „bequemsten" Hunde sind die Lagerhunde (vom Boxer bis zum Bernhardiner): Lagerhunde lagern gern und passen dabei auf. Was sie aber unbedingt brauchen, das sind mindestens zwei ausgiebige Tobestunden pro Tag. Und dafür brauchen sie Platz und einen Kumpan, der blaue Flecken genauso wenig scheut wie sie selber. Wer ihnen das nicht bieten kann, der muß - im wahrsten Sinne des Wortes - laufen.

Wichtiger aber als alle Zeiten und Kilometer ist, daß sich jeder Hund mindestens einmal am Tag so richtig verausgaben darf: Einmal am Tag Laufjäger sein, der rennt, hetzt, jagt und packt - wenn auch nur zum Spaß und ohne Beute. Ein Laufjäger braucht freie Bewegung. Und daran hapert es hierzulande viel zu oft.

In unseren Städten sind „Hunde an der Leine"-Schilder in Parks, Grünanlagen, Sport- und Spielplätzen die Regel. Selbst auf dem Land wird die große Freiheit immer mehr eingeschränkt.

Der einzige Zufluchtsort, der oft nur bleibt, sind die Hundesport-Vereine. Dort kann sich jeder, der sportliche Betätigung liebt, mitsamt seinem Hund austoben. Wer allerdings - aus Alters- oder anderen Gründen - mit Sport nichts am Hut hat, der ist hier falsch aufgehoben. Hundespaziergeh-Vereine, denen sich jeder anschließen kann und in denen man sich unter sachkundiger Beratung zum täglichen Ausflug trifft, die gibt es bis heute noch nicht. Höchstens ganz private Freundeskreise, zu denen man von Anfang an einen freundlichen, zu den anderen passenden Hund mitbringen muß. Hier wäre noch ein weites Feld für die vielen Hunde-Vereine im Land offen: Freundliche, umgängliche Hunde fallen schließlich nicht vom Himmel.

Mindest-Auslauf-Programm für einen erwachsenen, gesunden Hund:
morgens (nach dem Aufwachen): 30 Minuten
mittags (vor dem Essen): 15 Minuten
abends (vor dem Essen): 30 Minuten
zur Nacht: 15 Minuten

Sport gibt es für Großstadthunde oft nur noch in einem Verein.

- Rüden brauchen mehr Zeit: Sie pinkeln sich nicht gleich aus, sie markieren lieber öfter.
- Junge Hunde müssen das Laufen erst lernen: Also häufiger und kürzer raus.
- Bei Alten und Kranken ist Fingerspitzengefühl nötig: Unterforderung kann genauso schädlich sein wie Überforderung.
- Nach dem Essen eine absolute Ruhepause von mindestens einer Stunde einhalten, sonst kann sich beim Toben und Springen womöglich der volle Magen umdrehen und abschnüren, „Magendrehung" ist eine tödliche Gefahr vor allem bei größeren Hunden.
- Das Wichtigste: Der Hund muß sich frei und nach seinem Geschmack austoben dürfen.

PS: Dieser Zeitplan gilt auch für Zwingerhunde. Es ist eine grobe Zumutung für jeden Hund, ihn sein eigenes Areal beschmutzen zu lassen.

WIEVIEL PLATZ BRAUCHT EIN HUND?

Menschen ziehen einfach irgendwohin, werden dort heimisch und lassen sich mit Brief und Siegel bestätigen: Das ist mein Territorium! Und damit ihnen niemand diesen Besitz streitig macht, halten sie sich seit altersher Hunde, die ihn bewachen und verteidigen. Hunde haben kein Territorium, sie haben ein „Revier". Und das ist von Hund zu Hund sehr unterschiedlich, und es muß mit dem Territorium des zugehörigen Menschen auch

nicht immer übereinstimmen. Was ist ein „Revier"? Das Wort „Revier" kommt aus dem Holländischen und bedeutet ursprünglich „eine bestimmte Stelle am Fluß" dann „eine Stelle, an der man etwas tut". Ein Revier ist also kein reiner Wohnbezirk sondern ein Tätigkeitsort: Es gibt Polizei-, Kranken-, oder Jagdreviere, und das ganze Ruhrgebiet von Dortmund bis Duisburg nennt man kurz und bündig „das Revier". Hunde haben viererlei Reviere. Diese Reviere sind unterschiedlich groß und werden unterschiedlich ernsthaft gegen Rivalen (= „der, der nebenan am Fluß wohnt") verteidigt:

DAS LAGERREVIER

Hier werden die Jungen aufgezogen und versorgt. Hierhin zieht man sich zum Schlafen, Fressen, Abspannen zurück. Und Zutritt haben hier nur die allerengsten

Sein Schlafplatz ist für jeden Hund streng geschützter Privatbesitz. Zugang haben nur die besten Freunde.

VORSICHT
freilaufender Hund !
Wenn Hund kommt,
hinlegen und auf Hilfe
warten...
Wenn keine Hilfe kommt,
VIEL GLÜCK !

BRIARD-ZWINGER
"von der Bärenhöhle"

Hunde, die am Zaun bellen, beißen nicht selten auch, was pro Jahr rund 3000 Briefträger erleben müssen.

Rudelmitglieder. Das Lagerrevier ist eine ausgesprochene Tabuzone und wird gegen jeden Eindringling erbittert verteidigt. Selbst befreundete Fremde haben dort nichts zu suchen. Wie groß das Lagerrevier sein muß, ist im Tierschutzgesetz festgelegt: „Für einen mittelgroßen, über 20 kg schweren Hund ist eine Grundfläche von mindestens 6 qm erforderlich; für jeden weiteren in demselben Zwinger gehaltenen Hund sind der Grundfläche 3 qm hinzuzurechnen."

Den Lagerplatz (das Körbchen, die Decke samt Freßnapf und Wasserpott) im Flur aufzustellen, mag für Menschen praktische Gründe haben. Der allgemeinen Ruhe dienlich ist das nicht: Der Hund wird den Flur zu seinem tabuisierten Lagerplatz erklären und jedesmal ein Riesen-

Remmidemmi veranstalten, wenn jemand hinein- oder hinaus will. Der ideale Platz für das Lagerrevier eines Hundes ist ein ruhiger Platz im hinteren Teil der Wohnung, von wo aus er alles übersehen kann und wo er sicher ist vor unvorsichtigen Gästen. Ein kleiner Hund braucht mindestens einen Meter Abstand zu sich bewegenden Besucherbeinen, ein mittlerer mindestens zwei Meter und ein großer am besten mehr als drei Meter.

DAS HEIMREVIER

Das Heimrevier eines Hundes schließt sich direkt an sein Lagerrevier an. Und es sollte eigentlich Platz bieten für mehrere Unterreviere: den Tobeplatz, die Rennstrecke, die Buddelecke (das kann bei kleinen Hunden auch ein großer Blumentopf

Vor der Haustür beginnt noch lange nicht neutrales Gelände. Fremde Hunde müssen sich anmelden.

sein), die Döse-, Aussichts- und Wachplät-ze, den Grenzweg, die Klos. Das Heimrevier wird gegen Fremde verteidigt und täglich mehrfach umrundet und markiert. Gäste dürfen es nur betreten, wenn sie vorher die Genehmigung des Revierinhabers einge-holt und versprochen haben, sich gesittet zu benehmen und dem Lagerrevier dabei nicht zu nahe zu kommen.

Wie streng dieses Revier bewacht wird, das hängt von der Rasse und dem Wesen des Hundes ab: Es gibt Hunde, die freuen sich über jeden Besuch. Es gibt Hunde, die verstehen in der Beziehung überhaupt gar keinen Spaß. Wie groß das Heimrevier

sein muß, das ist abhängig von der Größe und dem Temperament des Hundes. Es muß so groß sein, daß sich der Hund dar-in ungestört und ohne Verletzungsgefahr austoben kann: Eine hundegerechte 60 Quadratmeter-Wohnung kann für einen Yorkie schon der reinste Abenteuer-spielplatz sein (allerdings ohne Klo). Für einen Schäferhund aber ist sie nur ein erweitertes Lagerrevier. Toben, Springen, Gasgeben kann er da nicht. Dafür braucht er einen mindestens 400 Quadratmeter großen Garten - oder eine Tobewiese ganz in der Nähe. Ob ein Hund mit der Größe seines Heimreviers zufrieden ist oder nicht, erkennt man daran, wie er mit seinen Nachbarn umgeht: Läßt er die Nachbarn Tag und Nacht ohne Protest durch den Hausflur gehen, läßt er sie im Sommer ganz gelassen mit Freunden im Garten grillen und hebt höchstens mal am Zaun das Bein, dann reicht ihm sein Revier völlig aus. Beschwert er sich aber lautstark über jedes Poltern im Hausflur, über jeden Besuch, jede Veränderung in Nachbars Garten, dann zeigt er damit deutlich, daß das Revier, das er im Kopf hat, größer ist als das Territorium seines Menschen. Dagegen hilft dann nur noch ein eigenes Haus, ein größeres Grundstück oder - ein Sichtschutzzaun.

DAS JAGDREVIER

Hunde brauchen eigentlich kein Jagdrevier. Sie müssen (= dürfen) ja heute hierzulande gar nicht mehr jagen. Trotzdem kennt jeder Hund noch so etwas wie „mein Jagdrevier". Und das besonders dann, wenn sein Mensch mit ihm täglich und regelmäßig dieselben Strecken abläuft. Das Jagdrevier eines Hundes wird nicht rund um die Uhr bewacht, aber es unterliegt einem Gewohnheitsrecht. Und das kann zu Komplikationen führen, wenn Hund und Mensch, denen „ihr Wald" den ganzen Winter lang allein gehörte, plötzlich beim ersten Frühlingslüftchen dort auf Heerscharen von fremden Menschen mit Hunden treffen.

Das Jagdrevier beginnt ein bis zwei Meter vor der Haustür, dem Hoftor und umfaßt ein Gebiet, das der Hund innerhalb einer Stunde umlaufen und kontrollieren kann. Bei kleinen Hunden sind das etwa $(2 \times 2 =)$ 4 km^2, bei Großen können das durchaus $(5 \times 5 =)$ 25 km^2 oder mehr sein. Dieses Revier wird nicht Zentimeter für Zentimeter verteidigt, es wird nur überprüft und markiert. Fremde dürfen es passieren und sogar in Abwesenheit des „Eigentümers" mitbenutzen. Und sie dürfen auch mitlaufen, wenn sie sich vorgestellt haben und die „Eigentumsrechte des Besitzers" akzeptieren.

DAS PERSÖNLICHE REVIER

Unsichtbar um ihren Körper herum haben Hunde noch eine Tabuzone: ihr ganz persönliches Revier. das niemand außer den engsten Rudelmitgliedern betreten darf. Diese Tabuzone hat die Form eines Eis, und ist um so größer, je größer und temperamentvoller der Hund ist. Hinten, am dicken Ende geht der Hund und sein Lieblingsmensch, und die Eispitze vorne zeigt auf das Ziel, wohin beide wollen. Kommt ihm jemand von vorne entgegen, wird der Hund, falls ihn niemand anspricht, kurzfristig sein Ziel und damit seine Tabuzone seitlich verlegen und vorbeigehen. Kommt jedoch ein Fremder von hinten, so kann der, ohne die Tabuzone des Hundes zu berühren, ihm viel näher treten. Dreht aber nun der Hund überrascht den Kopf, dann steht der Fremdling mitten drin im Ei - und das kann ärgerlich werden.

Gemeinsam „am Wasser zu leben und zu arbeiten", das ist eine hübsche Sache. Man muß nur darauf achten, daß sich keine „Rivalen" in die Quere kommen, und daß jeder das „Revier" bekommt, das er braucht.

DER KINDERFREUNDLICHE HUND

Zunächst einmal: Kinderfreundlichkeit ist nicht angeboren und nicht rassespezifisch, auch dann nicht, wenn bestimmte Rassehund-Züchter das immer wieder laut propagieren. Ein Hund wird nicht kinderfreundlich geboren, und ob er je kinderfreundlich wird, das hängt von vier Grundvoraussetzungen ab, die alle wichtig sind und die nur zusammengenommen zum Erfolg führen. Ein zukünftiger Kinderhund braucht:

EINE RASSESPEZIFISCH ROBUSTE KÖRPERKONSTITUTION

Ein Hund, der problemlos mit Kindern auskommen soll, muß körperlich stabil und belastbar sein. Er sollte ausgewachsen mindestens zehn Kilogramm wiegen und eine Schulterhöhe von mindestens 35 Zentimetern haben.

Der ideale Kinderhund ist so groß und so schwer, daß Kinder ihn nicht nach Belieben herumschleppen können, daß sie aber durchaus im fröhlichen Getobe auch mal - platsch - auf ihn drauffallen dürfen, ohne ihn zu verletzen. Er ist so groß und

Ein Hund, der mit Kindern lebt, muß einiges einstecken können.

kräftig, daß er (der Hund) keine Angst vor Kindern haben muß. Kurz gesagt: Je größer und schwerer der Hund, desto einfacher ist das Leben für alle.

EIN ANGEBORENERMASSEN ROBUSTES WESEN

Der ideale Kinderhund muß nicht nur körperlich hart im Nehmen sein, er muß das auch vom Wesen her sein. Er sollte unempfindlich sein gegen Lärm und Streß und gegen kindliche Übergriffe. Unangenehme Erlebnisse dürfen ihn nicht verschrecken oder auf Dauer handscheu machen. Ein Schreck darf sich nicht tief in sein Gedächtnis eingraben. Er sollte ein „harter" Hund sein: gelassen, selbstsicher, fast stur, am besten mit einem „Gemüt wie ein Metzgerhund".

Nebenbei aber sollte er noch ein geborener „Haushund" sein. Er darf nicht streunen, nicht hetzen, nicht jagen. Seine Lieblingsbeschäftigung sollte das Dableiben und Aufpassen sein, und die kleinen „Plagegeister" um ihn herum sollten für ihn nie Konkurrenten oder gar Beute sein, sondern immer nur schutzbedürftige „Jungtiere".

Die Kombination aber dieser beiden Eigenschaften - „Härte" und „Häuslichkeit" - die finden wir eigentlich nur bei den Rattlern (den Pinschern, Schnauzern, Terriern) und bei den Lagerhunden (vom Boxer bis zum Berner Sennenhund). Windhunde und Schlittenhunde dagegen sind kaum je geeignete Kinderhunde: Sie sind zwar mitunter auch bis zur Sturheit „hart", aber sie sind keine geborenen „Haushunde", dazu jagen sie viel zu gerne, sind

viel zu leidenschaftlich und nehmen dann keine Rücksicht auf andere.

Auch Schäferhunde und Jagdhunde sind von sich aus begeisterte Jäger. Aber sie sind darüber hinaus auch noch „weiche" Hunde, Hunde also, bei denen sich schlechte Erfahrungen in ihr Gedächtnis sehr schnell und dauerhaft eingraben. Sie sind zwar deshalb eigentlich die idealen Begleit-, Sport-, und Arbeitshunde. Aber unter mitunter groben Kinderhänden können sie auch schnell in Panik geraten, Angstbeißer werden. Schäfer- und Jagdhunde eignen sich als Kinderhunde eigentlich nur dann, wenn unter ihren Ahnen auch Terrierartige oder Lagerhunde zu finden sind: Rauhhaardackel (mit Terrier-Einschlag) sind häufig ideale Kinderhunde und alle Retrieverrassen (mit Lagerhundblut) auch.

Doch die angeborenen Körper- und Wesensmerkmale sind nur eine Seite der Medaille. Fast noch wichtiger als die angeborenen sind die erworbenen Eigenschaften, für die der frühe Umgang mit Menschen verantwortlich ist:

EINE KINDERFREUNDLICHE SOZIALISATION DER WELPEN BEIM ZÜCHTER

Jeder Hundewelpe durchläuft in der Zeit zwischen der vierten und der achten Woche eine sensible Phase. In dieser Sozialisationszeit lernt er seine Umwelt kennen. Er lernt alles das als freundlich einzuordnen, was sich ihm in dieser Zeit freundlich genähert hat: Menschen, Katzen, Vögel. Und er lernt alles das zu tolerieren, was ihm nicht weh tut: Autos,

Fahrräder, Staubsauger. Auch Kinder muß ein Hund kennenlernen, sie sind für ihn nicht einfach kleine Erwachsene: Sie bewegen sich anders, sie reden anders, sie sind anders. Hat ein junger Hund innerhalb der sensiblen Phase keine Kinder kennengelernt, wird er die Zuwendung, die er seinem Züchter gegenüber entwickelt hat, nicht einfach auch auf die Kinder Fremder übertragen. Hat er allerdings in der sensiblen Phase Kinder nur als Plagegeister kennengelernt, dann wird er in jedem Kind dauerhaft drohendes Unheil vermuten, dem er nur durch Flucht oder Angriff entgehen kann. Und es kann ein Hundeleben dauern, bis er dieses Vorurteil aufgibt.

Fürsorgliche Eltern verlassen sich deshalb nicht auf die Versicherungen des Züchters oder Welpenhalters, seine Hunde seien gut sozialisiert und die Rasse sowieso kinderlieb. Sie kaufen nur dort, wo sie wissen, daß der Hund mit freundlichen Kindern aufgewachsen ist. Und sie beherzigen auch noch die vierte Grundvoraussetzung:

DIE HUNDEFREUNDLICHE ANERKENNUNG ALS „HELFER" IN DER FAMILIE

Im natürlichen Hunderudel gibt es drei „Stände". Es gibt:

- die Alttiere: Sie tragen die Verantwortung fürs Ganze und verteilen die Aufgaben. Im natürlichen Hunderudel sind die „Alttiere" meist die älteste Hündin und ihr Lieblingsrüde, der ihr zur Seite steht.
- die (noch nicht ausgewachsenen) Jungtiere: Sie dürfen alles und müssen nichts

- solange sie sich an die Sicherheitsvorgaben der Älteren halten und das Rudel nicht gefährden.
- die Helfer: Helfer sind alle erwachsenen Hunde, die von den Alttieren als solche anerkannt wurden und die bestimmte Aufgaben im Rudel übernommen haben, mit allen dazu gehörigen Rechten und Pflichten.

Ein im Rudel sicherer, von den Alttieren anerkannter Helfer zu sein, das ist für jeden Hund ein lohnendes Ziel. Und nach diesem Ziel strebt er sein Leben lang und mit vollem Einsatz.

Kluge „menschliche" Alttiere (= Eltern) wissen das: Sie schützen den Junghund, verteidigen ihn, seinen Schlafplatz, sein Fressen gegen Übergriffe der anderen Jungtiere (= Kinder) und loben ihn. Und wenn der Hund dann erwachsen ist, haben sie, von ganz allein und ohne jede Dressur, einen „Helfer", der auf die Kinder achtgibt und ihre Faxen geduldig erträgt: einen kinderfreundlichen Hund.

Ob ein Hund schließlich kinderfreundlich wird, hängt von vielen Faktoren ab. Selbst der bestsozialisierte Airedale kann zum Kinderhasser werden, wenn die Eltern zulassen, daß die Kinder ihren Übermut an ihm ausagieren. Nur hundefreundliche Kinder haben kinderfreundliche Hunde!

Und jeder noch so „weiche", noch so „winzige" Hund, der „Helfer" sein darf, ist besser und zuverlässiger als ein Boxer, ein Bobtail, der abseits der Familie im Zwinger leben muß. Denn: Zwingerhunde sind nie Kinderhunde.

Kein Hund ist von Geburt an kinderlieb. Er wird es, wenn er als Welpe nur liebevolle Kinder kennenlernt.

Welche Rasse paßt zu mir?

Es gibt weltweit wohl 400 unterscheidbare Hunderassen. Gut 300 davon hat der FCI, der internationale Kynologen-Verband, bis heute als Rassen anerkannt. Das sind mehr, als jeder Experte im Kopf haben und übersehen kann. Das sind viel zu viele für den normalen Hundehalter, der sich aus dem großen Angebot den zu ihm passenden Hund aussuchen will.

Der FCI hat deshalb die mehr als 300 anerkannten Rassen in zehn Gruppen aufgeteilt, je nach deren speziellem Arbeitsgebiet und „Gebrauchswert" in ihrer traditionellen Heimat. Er unterscheidet also Hüte- und Treibhunde, Dachshunde, Vorstehhunde, Gesellschafts- und Begleithunde und viele andere mehr. Als gelungen kann man diese Aufteilung allerdings nicht bezeichnen. Wer sich beispielsweise aus der FCI-Gruppe „Schäferhunde" einen Kumpanen für den Hundesport aussuchen will, der kann durchaus an einen Saarlos

Wolfshond geraten, eine Wolf-Schäferhund-Mischung, die sich aber für den Hundesport absolut nicht eignet. Er kann aber auch an einen „alten Schafhund" geraten, heute „Herdenschutzhund" genannt, wie den jugoslawischen Sarplaninac, den ungarischen Kuvasz, den polnischen Podhalanski. Und Herdenschutzhunde sind vom Charakter her alles andere als lerneifrige, anpassungsbereite Schäferhunde und für die übliche Schäferhund-Ausbildung mehr oder weniger „untauglich".

Weil die offizielle FCI-Einteilung so ist, wie sie ist, und mit den Jahren immer nur verschlimmbessert wurde, gibt es Bücher für den Hundefreund, die helfen sollen. Die einen halten sich an die offizielle Einteilung und korrigieren nur ihre schlimmsten Fehler. Die anderen halten sich ans Alphabet und wirbeln von Affenpinscher bis Zwergschnauzer alles durcheinander. Die dritten sortieren nach

Der Deutsche Schäferhund ist der perfekte Alleskönner. Andere „Schäferhunde" sind weit davon entfernt.

Kleine Hunde können sensible Schoßhunde sein oder dickschädelige Jäger wie dieser Cairn Terrier.

Größe. Da aber Größe auch nicht viel mehr aussagt als das Alphabet, steht dann zu jeder einzelnen Rasse eine eigene Beschreibung.

Ich habe diese vielen Einzelbeschreibungen der verschiedenen Autoren gesammelt und sie der modernen Statistik übergeben, mit der Aufforderung, mir - via Cluster-Analyse - dieses Gebirge von Einzeldaten zu sortieren nach Ähnlichkei-

ten und Verwandtschaften. Die moderne Statistik tat das und präsentierte mir sechs Typen von Hunden, die sich vom Wesen her ähnlich sind und die alle möglichst gleich behandelt werden möchten. Verblüffend war, daß diese sechs, mit statistischen Methoden ermittelten Wesenstypen genau zu den sechs Typen paßten, die kluge Kynologen schon vor mehr als 100 Jahren an Hand anatomischer Unterschiede beschrieben hatten. Das heißt: Die körperlich meß- und sichtbaren Unterschiede zwischen den 300 Hunderassen korrelieren mit angeborenen, unveränderbaren Wesenszügen. Und das für den Laien wichtigste angeborene Merkmal, an dem er den angeborenen Charakter seines Hundes ablesen kann, das sind die Ohren!

Wenn Sie also den Hund suchen, der zu Ihnen paßt, dann:

• Achten Sie - auch und gerade beim erwachsenen Mischlungshund - erst einmal auf die Ohren: Ein Schlappohr-Hund ist anders und muß anders behandelt werden als ein Stehohr-Hund, ein Spitzohr-Hund stellt andere Ansprüche als einer mit Hängeohren.

• Vergessen Sie erst einmal Ihre Vorstellung von Fell, Farbe und Größe Ihres „Traumhundes". Das alles hat auf das Wesen, auf die Ansprüche, die Ihr Hund an Sie stellen wird, wenig Einfluß: Ein großer Hund kann ein anschmiegsames Sensibelchen sein, ein kleiner ein wild entschlossener Berserker.

• Machen Sie aus den vorgegebenen, unterschiedlichen Hundetypen einen psychologischen Test. Vergessen Sie, daß es hier um Hunde geht, und testen Sie zunächst einmal sich selbst: Ihr eigenes Wesen, Ihre eigenen Vorlieben und Abneigungen, Ihren Typ.

- Entscheiden Sie sich dann für den Typ Hund, der zu Ihnen und Ihrem Typ Mensch am besten paßt: Zum unternehmungslustigen Menschen paßt ein unternehmungslustiger Hund, zum sportlichen ein sportlicher, zum eher häuslichen ein eher häuslicher. „Gleich zu gleich gesellt sich gerne", das ist ein bewährtes Motto nicht nur für glückliche Mensch-Mensch-Beziehungen. Das paßt auch auf die Mensch-Hund-Beziehung. Ich weiß, es gibt auch das gegenteilige Sprichwort: „Gegensätze ziehen sich an". Aber wie lange diese Anziehungskraft dann hält, darüber sagt das Sprichwort nichts.
- Nehmen Sie die beschriebenen „Nachteile" eines Typs ernst: Angeborene Wesenseigenarten kann man beim Hund nur verändern und „abdressieren", wenn man den Charakter des Hundes verbiegt. Entscheiden Sie sich für einen Typ, für einen Hund nur dann, wenn Sie seine „Nachteile" als im Grunde erwünschte „Vorteile" erleben.
- Entscheiden Sie sich zuerst für den Typ. Und suchen Sie sich erst dann aus dem großen Angebot den Hund aus, der in Farbe, Fell und Größe Ihrem „Traumhund" entspricht.

Hund ist nicht gleich Hund. Jeder Hund ist anders. Und wer mit seinem Hund auf Dauer glücklich werden will, der sollte sich aus der breiten Palette des Angebots einen aussuchen, der von seinen angeborenen Fähigkeiten, Vorlieben und Abneigungen her zu ihm, seinem Menschen, paßt.

DER SCHÄFERHUND-TYP

ÄUSSERE KENNZEICHEN:

Ohren:	U-förmige Stehohren, am Ansatz nicht verbreitert, sondern gerade und immer stehend, nur mitunter an der Spitze nach vorne umgekippt (s. „Umfallohr" der Collies), immer deutlich länger als breit
Kopf:	lange, schmale Schnauze ohne markanten Stirnabsatz (= „Stop")
Körper:	länger als hoch, schlank, hinten schmaler als vorne, leichtknochig
Schwanz:	Sichelrute, mehr oder weniger buschig
Fell:	lang- bis kurz-stockhaarig
Größe:	mittelgroß bis groß

Vor 100 Jahren gezielt gezüchtet, ist der Deutsche Schäferhund DER Vertreter seines Typs.

Es gibt auch (ohne Dackel-Beimischung) kurzbeinige Schäferhunde (s. Corgis). Rauhhaarige, Bärtige haben immer einen Anteil „Rattler"-Erbe (s.u.). Schlappohrige sind „Lagerhunde" (s.u.) oder Lagerhundmischlinge. Und dann gibt es noch Wolf-Schäferhund-Mischlinge: den Saarlos Wolfhond und den Tschechoslowakischen Wolfshund (Vorsicht! Nur sehr eingeschränkt zu empfehlen!).

MODERNE RASSEN:

aus Großbritannien:

> Welsh Corgi Pembroke
> Welsh Corgi Cardigan
> Sheltie
> Border Collie
> Kurzhaar-Collie
> Langhaar-Collie

aus Frankreich:

> Berger des Pyrénées à face rasé (= Kurzhaar)
> Berger de Picardie

aus Belgien:

> Groenendal, Tervueren, Laekenois, Malinois

aus Deutschland:

> Deutscher Schäferhund

aus Ungarn:

> Pumi

aus Kroatien:

> Mudi

aus Holland:

> Nederlandse Herdershond

aus Israel:

> Kanaan Hund

aus Australien:

> Australian Kelpie

aus Nordamerika:

> Amerikanisch-Kanadischer Weißer Schäferhund

VORGESCHICHTE:

Die Schäferhunde kamen erst vor rund 300 Jahren zu uns nach Mitteleuropa. Sie kamen mit den großen Schafherden aus dem Süden. Aber ihre Heimat ist nicht Südeuropa, sondern - Amerika. Dort findet man Hundegräber, die 10 bis 12.000 Jahre alt sind. Die Indianer Nord- und Südamerikas waren „Schäferhund-Kulturen": Sie lebten mit und von diesen temperamentvollen, unermüdlichen Hunden und setzten sie als „Allzweck-Haustier" ein: zum Ziehen und Schleppen, zum Jagen und zum Fischen, als Packesel, Zugochsen, Jagd- und Fischereihelfer, als Lagerpolizei, Nachtwächter, Müllabfuhr, als Wegweiser, Wärmflaschen und Spielkumpane. Und die Neu-Entdecker aus Europa staunten: In den Indianersiedlungen gab es meist viel mehr Hunde als Indianer, und alle kamen glänzend miteinander aus.

Wie diese Indianerhunde ihren Weg nach Europa fanden, das wird wohl ihr Geheimnis bleiben. In Südost-Europa tauchen sie erstmalig zur Bronzezeit, vor rund 4.000 Jahren, auf. Wahrscheinlich lebten und wanderten sie als „wilde Hunderudel" jahrtausendelang umher, bis Schafhirten in Südost-Europa diese menschenfreundlichen, potentiellen Alleskönner „entdeckten" und aus den anstelligen Indianerhunden unermüdliche „Schäferhunde" machten.

Tasmaniens Hüte-Champion „Badgingarra Lacey" zeigt, wie ein Australian Kelpie Schafe scheucht.

BESONDERE ANSPRÜCHE:

Schäferhunde sind Arbeitshunde. Sie brauchen Beschäftigung rund um die Uhr. Und dazu brauchen sie einen Kumpan an der Seite, der Zeit für sie hat, auch rund um die Uhr. Schäferhunde wollen laufen, traben, rennen, toben, jagen, hetzen, stromern, suchen, entdecken - mindestens zweimal täglich bis zum Umfallen. Wer dazu keine Zeit hat, keinen großen Garten, keine Auslaufwiese gleich nebenan, der sollte sich keinen Schäferhund anschaffen. Er wird mit seinem Hund nicht glücklich - und sein Hund nicht mit ihm. Im Hochhaus in der Stadt sind sie genauso fehl am Platze wie im ländlichen Zwinger. Schäferhunde sind temperamentvolle, bewegungsfreudige Hunde. Werden sie acht Stunden täglich im Appartementflur eingesperrt oder im Zwinger, dann verlieren sie ganz schnell alle positiven Eigenarten: Sie werden nervös, unruhig, unzuverlässig. Dann terrorisieren sie die Nachbarschaft mit Bellorgien und den Besitzer mit Temperamentsdurchbrüchen. Für Schäferhunde gilt ohne Einschränkung: Nur ein müder Hund ist ein zufriedener Hund.

Schäferhunde haben ein „weiches" Gedächtnis. Das heißt: In ihr Gedächtnis prä-

Ein Schäferhund ist den ganzen Tag auf den Beinen. Beim Hüten schreitet er ständig die Herde ab, um alles unter Kontrolle zu halten.

gen sich Erfahrungen, positive genauso wie negative, tief und dauerhaft ein. Die positiven Erfahrungen werden dann immer wieder gesucht, die negativen ein Leben lang gemieden. Schäferhunde sind deshalb im Grunde leicht erziehbar und genau die Hunde, auf die alle jene praktischen Erziehungsratschläge in den klugen Hundebüchern passen: „Jagt Ihr Hund Radfahrer, warten Sie am Wegrand auf den nächsten, und wenn Ihr Hund dann losgeht, lassen Sie ihn mit einem lauten Nein! voll in die gespannte Leine springen. Das macht er höchstens zweimal und dann nie wieder." Sie sind aber auch genauso schnell zu „verderben": Härte, Lieblosigkeit, Gewalt

vergißt ein Schäferhund noch viel weniger. Und er reagiert dann mit Handscheuheit und vermehrter Selbstverteidigungsbereitschaft gegen alles und jedes. „Schärfe" nennen die Experten diese unter bestimmten Bedingungen ganz positive Bereitschaft zur Selbstverteidigung. Beim falsch und hart behandelten Schäferhund aber wird aus dieser eigentlich natürlichen „Schärfe" ganz schnell unkontrollierbare „Angstbeißerei".

Deshalb müssen Schäferhunde sanft behandelt werden: mit leichter Hand und ohne jede Gewalt. Tut der Halter das, akzeptiert er seinen Hund als Kumpan und Familienmitglied, schenkt er ihm die Bewegungsfreiheit und die Anregung, die dieser intelligente, unternehmungslustige Hund braucht, dann hat er bald einen „Traumhund" und „Alleskönner" neben sich. Dann hat er schon nach einem Jahr einen Hund, den er überallhin mitnehmen kann, der ihm nie von der Seite weicht, ihn nie aus den Augen verliert und der auf jede kleine Geste „seines Menschen" freudig und anpassungsbereit reagiert.

Ein Schäferhund, der seinem Menschen vertraut, der wird mit der Zeit von ganz alleine zum „Spiegelbild" seines Menschen: Er wird freundlich und umgänglich, wenn sein Mensch freundlich und umgänglich ist. Er wird mißtrauisch-aggressiv, wenn sein Mensch so mit seiner Umgebung umgeht.

Als selbständige Schutzhunde eignen sich Schäferhunde nur bedingt:

Ein gut gehaltener, menschenfreundlicher Schäferhund wird zwar in prekären Situationen erst einmal alle Drohregister ziehen, doch sein ausgeprägter Respekt vor Menschen läßt ihn einigermaßen menschenfreundlich bleiben.

Ein schlecht gehaltener, „scharfer" Angstbeißer dagegen geht alles an, auch das, was er nicht soll, und muß immerzu vor sich selbst geschützt werden.

Ist ein Schäferhund aber zum offiziellen „Schutzhund" ausgebildet und gut erzogen, dann wird er auch auf den „Bösen Buben" hören und „ablegen" - sobald der Böse Bube sich mit Schäferhunden auskennt und alle Befehle der Schäferhund-Ausbildung im Kopf hat ... Auch die Schäfer benutzten diese Hunde nie zum Schutz der Herden, sondern immer „nur zum Hüten": Schäferhunde sind nämlich

begeisterte Jäger. Sie jagen am liebsten alles, was sich bewegt, und das den ganzen Tag. Ein Schäfer muß also seinem Junghund nur beibringen, die Herde nur noch auf Befehl und nur von hier nach da zu jagen (= hüten), und schon hat er den begeisterten, nimmermüden Helfer, der seinen „Herrn" nie aus dem Auge verliert und auf jeden Wink reagiert.

Schäferhunde sind keine „Warnanlagen", keine „Sportgeräte", keine „Befehlsempfänger" und auch keine „Hunde für Jedermann". Sie sind anspruchsvolle Hunde. Sie brauchen Beschäftigung und Bewegungsfreiheit. Schäferhunde waren die Hunde von Unkas und Tecumseh, von Jeronimo und Pocahontas. Und sie spielen auch heute noch liebend gerne „Indianer", in Stadt und Land, in Feld und Flur. Aber dazu brauchen sie einen Kumpanen, der das auch gerne tut.

Gejagt, gestellt, geschnappt wird so lange, bis dem Ball die Luft ausgeht.

DER JAGDHUND-TYP

ÄUSSERE KENNZEICHEN:

Ohren: Lange Hängeohren, am Ansatz
schmal oder gefaltet, eng anlie-
gend, mitunter langbehaarte
„Behänge", deutlich länger als
breit

Kopf: lange Schnauze, hohe Stirn mit
deutlichem Stirnabsatz („Stop")

Körper: länger als hoch, schlank, leichtknochig

Schwanz: meist „schwebender" Schwert-
schwanz, mehr oder weniger
behaart („befedert")

Fell: in allen Fellarten

Größe: von sehr klein bis groß

Jagdhunde gibt es „für jeden Geschmack".
Sie wurden mitunter für bestimmte
„Aufgaben" mit anderen Typen gekreuzt,
die Rauhhaarigen mit „Rattlern" (s.
Rauhhaar-Dackel oder Deutsch-Rauh-
haar), die Kräftigeren mit „Lagerhunden"
(s. Bloodhound, s. alle Retriever).

MODERNE RASSEN:

Bracken und Laufhunde:

Deutsche Bracken, Österreichische Brand-
bracke, Tiroler Bracke, Alpenländische
Dachsbracke, Dalmatiner, Beagle, Foxhounds
aus Großbritannien, Schweizer Laufhunde,
Französische Bassets, Französische Griffons
und noch etwa 50 andere Rassen

Schweißhunde:

Hannoverscher Schweißhund, Bayrischer
Gebirgsschweißhund, Bloodhound

Dachshunde:

Basset Hound, Dackel (= Teckel)

Stöber- und Wasserhunde:

Deutscher Wachtelhund, Cocker Spaniels,
Field Spaniels, Sussex Spaniel, English
Springer Spaniel, Clumber Spaniel, Irish
Water Spaniel, Barbet, Wetterhoun, Cao de
Agua, Perro de Agua Español, Kleinpudel,
Großpudel

Vorstehhunde:

Pointer, English Setter, Irish Setter, Gordon
Setter, Pudelpointer, Kleiner Münster-
länder, Großer Münsterländer, Deutsch-
Langhaar, Deutsch-Drahthaar, Deutsch-
Stichelhaar, Weimaraner, Viszla, Franzö-
sische Epagneuls (und 20 andere)

Apportierhunde (alle mit mehr oder weni-
ger Lagerhund-Erbe):

Nova Scotia Duck Tolling Retriever, Curly-
coated Retriever, Flat-coated Retriever,
Chesapeake Bay Retriever, Labrador
Retriever, Golden Retriever, Rhodesian
Ridgeback

Kleinhunde:

Malteser, Havaneser, Bichons, Bologneser
Löwchen, Papillon, Phalène, Cavalier King
Charles Spaniel, Toy Spaniel, King Charles
Spaniel, Zwergpudel, Japan Chin, Pekinese,
Shih Tzu, Lhasa Apso, Tibet Spaniel

VORGESCHICHTE:

Jeder Hund jagt. Selbst ein Herdenschutzhund, der eigentlich nie jagen sollte,
jagt - wenn er Hunger hat. Alle Hunde sind
Raubtiere, Laufjäger. Aber nicht jeder

jagende Hund ist ein Jagdhund. Was also ist ein Jagdhund?

„Jagdhunde im eigentlichen Sinne" sind Hunde, die „mit der Nase" jagen, „spurtreu" der Fährte folgen, dabei „Laut geben", damit der Kumpan Bescheid weiß, und die Beute, falls sie sie überhaupt selber greifen, nie selber fressen, sondern sie immer unbeschädigt und „mit weicher Schnauze" dem Kumpan bringen. Jagdhunde sind also Hunde, die nur auf Befehl und nie im eigenen Interesse jagen (sollen).

Man findet sie in den frühen Kulturen des Mittelmeers und Vorderasiens seit der Bronzezeit. Also zur selben Zeit und am selben Ort wie die ersten nach Eurasien eingewanderten Schäferhunde. Und einiges spricht dafür, daß sie sich wohl - mit gezielten Beimischungen anderer, ortsansässiger Typen - aus diesen menschenfreundlichen, lernbereiten Alleskönnern entwickelt haben. Da die Jagd in den eurasischen Hochkulturen schon lange Privileg der reichen Herren war, waren auch die dazu benötigten Hunde „Herrenhunde". Jeder Herr hatte seine eigenen Jagd-Vorlieben und hielt seine eigenen, speziell zu diesen Vorlieben passenden Hunde, säuberlich getrennt von allen „Straßen- und Bauernhunden". Und so entstand im Laufe der Jahrtausende eine fast unübersichtliche Vielzahl von Rassen und Jagd-Spezialisten: Von den gut 300 Hunderassen, die der FCI bis heute anerkannt hat, zählen mehr als die Hälfte zu den „eigentlichen Jagdhunden". Die oben angegebene Auswahl moderner Rassen ist also nur ein kleiner Auszug der bekanntesten Rassen.

Der Beagle ist ein Jäger in der Meute. Er folgt jeder Spur über Stock und Stein.

BESONDERE ANSPRÜCHE:

Jagdhunde sind Laufhunde. Sie brauchen - wie Schäferhunde - viel Bewegungsfreiheit und Beschäftigung. Da sie aber verspielter, nicht so ernsthaft sind wie Schäferhunde, muß diese Beschäftigung nicht in Arbeit ausarten. Sie kann auch aus lauter fröhlichen Spieleinheiten über den Tag verteilt bestehen.

Jagdhunde sind - wie Schäferhunde - Hunde mit einem „weichen" Gedächtnis:

Gut 70 cm Schulterhöhe hat der Grand Bleu die Gascogne, der als Jäger auf Feder- und Niederwild gezüchtete Basset Bleu de Gascogne hat gerade die Hälfte.

Sie lernen schnell und dauerhaft, was sie dürfen und was nicht. Und für ein kleines Leckerli oder eine Zuwendung extra lernen sie die unglaublichsten Kunststückchen (s. Zirkuspudel). Sie lernen, wenn sie das sollen oder dürfen, sogar die für jeden anderen Hund unglaubliche Kunst, auf Befehl des Herrn immer genau das Gegenteil von dem zu machen, was verlangt wird (s. Dackel oder Basset).

Eigentlich sind Jagdhunde alle leicht erziehbar. Eine Ausnahme machen da nur (neben den eben erwähnten Dackeln und Bassets) die reinen „Laufhunde" oder Bracken: Sie wurden Jahrtausende lang immer in großen Meuten gehalten, sie waren keine Spezialisten, sie sollten nur laufen und „Laut geben". Persönliche

Hochleistungen wurden von ihnen nie verlangt. Doch wer bereit ist, seinem Laufhund gegenüber die Rolle des Führhundes zu spielen, der hat - ohne große Schwierigkeiten - auch bald einen begeisterten Mitläufer und Mitmacher.

Jagdhunde sind als ehemalige Herrenhunde ausgesprochen „führig", das heißt: Sie überlassen die Chefrolle gerne jemand anderem und passen sich dem, der das Sagen hat, bereitwillig an. Aber, und dieses Aber ist wichtig: Ihnen ist jeder „rauhe" Umgangston verhaßt. Auf Lärm, Krach, Türenschlagen und Geschrei reagieren sie mit zunehmender Gereiztheit und Nervosität bis hin zur Bissigkeit. Wer also auf die Vorzüge dieser temperamentvollen, leicht erziehbaren Hunde nicht verzichten will, sollte ihre „adlige Herkunft" nicht vergessen und auf jede Art von Lautstärke, Gewalt und Temperamentsausbruch im Umgang mit ihnen verzichten.

Jagdhunde sind sehr umgängliche Hunde, noch umgänglicher als die Schäferhunde. Als ehemalige Jagdhelfer konnte man nur Hunde gebrauchen, die mit jedem anderen Jagdteilnehmer friedlich auskamen, egal ob Hund oder Mensch. Hunde, die beim Anblick der Beute erst einmal in Rivalitäten geraten und sich gegenseitig vertreiben wollen, die waren als Jagdhelfer ungeeignet. Die wurden nur als Einzelkämpfer-Spezialisten bei der Dachs- oder Fuchsjagd geduldet (wieder: „Vorsicht: Dackel!").

Als Schutzhunde für Haus und Hof sind Jagdhunde deshalb nicht geeignet. Einfach

Wenn es einem Dackel langweilig wird, sucht er sich Unterhaltung - und findet sie.

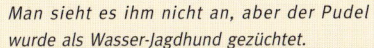

Man sieht es ihm nicht an, aber der Pudel wurde als Wasser-Jagdhund gezüchtet.

aus den Augen lassen, nach dem Motto: Der tut ja nichts!, darf man sie aber trotzdem nicht: Alle Jagdhunde streunen und jagen (wildern) gern, wenn sich eine Chance dazu bietet. Und wenn bei ihnen zu Hause nicht genug los ist, dann sind sie absolut nicht abgeneigt, sich irgendwelchen Fremden, die mehr Spaß versprechen, anzuschließen. Der Dackel, der sich Wildfremden zum Spaziergang anschließt, der Retriever, der in jedes abfahrende Auto springt, das sind keine seltsamen Ausnahmen. Das sind ganz normale, menschenfreundliche Jagdhunde, die sich bloß zu Hause langweilen ... Deshalb passen Jagdhunde (außer zu Jägern und Förstern) am besten zu unternehmungslustigen, umgänglichen, wanderfreudigen Leuten, die zu Hause und mit ihren Freunden einen „gepflegten Umgangston" einhalten und die davon ausgehen, daß ein normaler Hund im Umgang mit anderen Hunden auch diesen „gepflegten Umgangston" bevorzugt. Für Leute, die von all dem nicht viel halten, die auf ihre Ellbogen vertrauen und es lieber „rauh, aber herzlich" mögen, sind Jagdhunde ungeeignet.

Der Pinscher war früher bei uns ein Stallhund. Seine Aufgabe war es, in den Pferdeställen Mäuse und Ratten kurzzuhalten und nachts Wache zu halten.

DER RATTLER-TYP

ÄUSSERE KENNZEICHEN:

Ohren: Dreiecksohren, am Ansatz breit, V-förmig, entweder als Stehohr oder als an der Basis nach vorne umgekipptes „V" getragen („Kippohr"), bei einigen, kleingezüchteten Rassen auch „Fledermausohren" (s. Chihuahua, Boston Terrier, Bull Terrier)

Kopf: kurze, schmale Schnauze, breite Stirn, runder Kopf

Körper: immer quadratisch (Länge = Höhe), leichtknochig

Schwanz: am Ansatz breiter, meist hochstehender Bürsten-, Otter- oder Ringelschwanz

Fell: glatt-, rauh- oder langhaarig, die Rauhhaarigen sind auch immer „bärtig"

Größe: von sehr klein bis groß

Man unterscheidet drei Gruppen: 1. Spitze, 2. Pinscher und Schnauzer, 3. Terrier.

MODERNE RASSEN:

Spitze:

kurze Spitzohren, langhaarig, Ringelrute, Wolfspitz, Großspitz, Mittelspitz, Zwergspitz, Schipperke, Volpino Italiano, Japan-Spitz, Eurasier (Mischung aus Samojede, Chow Chow und Wolfspitz)

Pinscher und Schnauzer:

glatt- und rauhhaarig, Zwergpinscher, Pinscher, Dobermann (Mischung aus Lagerhund, Schäferhund und Windhund) Affenpinscher, Belgische Griffons, Zwerg-

schnauzer, Mittelschnauzer, Riesen-
schnauzer (mit einem Anteil Lagerhund),
Schwarzer Russischer Terrier (mit einem
Anteil Lagerhund)

Englische Terrier:
glatt-, rauh- oder langhaarig, meist
Otterrute Yorkshire, Cairn, Dandie Din-
mont, Scottish, Australian, Norfolk,
English Toy, Silky, Skye, Sealyham, Cesky,
Glen of Imaal, West Highland, Border,
Welsh, Lakeland, Fox, Jack Russel,
Manchester, Bedlington, Irish, Soft Coated
Wheaten, Kerry-Blue, Airedale

Terrier mit Bullbeißer-Erbe
(mit einem Anteil Lagerhund):
Toy Bull Terrier, Boston Terrier, Bull
Terrier, Staffordshire, American Stafford-
shire (Pit Bull ist keine „Rasse", die
„Zuchtauswahl" geht über die „Pit", die
Hundekampf-Arena, sonst nichts).

andere Terrier:
Deutscher Jagdterrier, Kromfohrländer
(Mischung aus Foxterrier und Jagdhund)
Chihuahua, Xoloitzcuintle, Inca Orchid
Dog, Chinese Crested hairless Dog,
Afrikanischer Basenji

VORGESCHICHTE:

Rattler gibt und gab es weltweit und seit
Menschengedenken. Sie waren eher kleine,
zartgliedrige Hunde, die schon früh den
Schutz der Menschen und die Wärme des
Feuers zu schätzen lernten. Als Gegen-
leistung für diesen Schutz übernahmen
sie die Verteidigung der Siedlung, melde-
ten jede Bewegung, folgten „ihren

Menschen" überall hin und schützten die
lebenswichtigen Vorräte gegen jeden zwei-
oder vierbeinigen Dieb, egal wie groß oder
wehrhaft der war. „Rattler" nennt man sie
deshalb bei uns, „Rattenfänger", oder
auch: „Mistbeller", weil sie am liebsten
den ganzen Tag damit verbringen, auf
erhöhtem Aussichtsposten (früher: auf
dem Misthaufen) zu stehen und Wache zu
halten. In England nennt man sie Terrier,
weil sie alle neben dem Wachehalten noch
ein zweites Hobby haben: das Buddeln
und Graben in der Erde (lat.: terra).

Die Rattler sind ein uraltes Hunde-
Geschlecht. Sie lebten schon mit den
Pfahlbau-Bauern am Bodensee so zusammen, wie sie das heute noch auf Sumatra
machen. Man fand ihre Überreste in
Eiszeitlagern in Dänemark und in liebevoll hergerichteten Hundegräbern in Süd-
und Mittelamerika. Wie diese eher klei-

*Das „nette" Aussehen des West Highland White
täuscht. Er ist ein echter dickschädeliger Terrier.*

nen, zierlichen Hunde den weiten Weg bis in die Anden schafften, darüber rätseln heute noch die Experten. Aber wahrscheinlich sind sie ganz einfach - mitgelaufen: Ötzies Hund, der, der mit seinem Herrn durch die Alpen zog und mit ihm dort starb, das war auch ein Rattler, ein Pinscher. Bei uns zulande wurden sie im Laufe der Jahrtausende „die Haushunde an sich". In Amerika hielten sie sich - in Konkurrenz mit den großen Schäferhunden - nur vereinzelt und nur im Schutze der Hochkulturen.

Besondere Ansprüche:

Alle Rattler sind Wachhunde. Und ihre Lieblingsbeschäftigung von morgens bis abends ist Aufpassen, Wachehalten und alles (!) kontrollieren und melden. Da sich ihre Kontrolle aber nicht nur auf alles das konzentriert, was sich über der Erde bewegt, sondern auch auf alles, was sich unter der Erde bewegen könnte, ist ihr Halter gut beraten, wenn er seinem „diensteifrigen Haushund" ein paar Buddelecken im Garten einräumt. Buddeln muß sein. Was kann der arme Rattler dafür, daß sich Mäuse, Bisamratten, Bilche so gerne unter der Erde verstecken? Es ist, von ihm aus gesehen, „seine verdammte Pflicht und Schuldigkeit", diese „Räuber" zu finden und zu fassen. Und wenn er dann „seiner" Hausfrau stolz ein zerknautschtes Mäuschen in die Küche trägt, dann darf die nicht entsetzt aufschreien. Dann muß sie das dankbar in Empfang nehmen und entsorgen. Sonst nimmt es der so Beleidigte wieder mit und vergräbt es unterm Sofakissen.

Rattler-Halter müssen auch sonst starke Nerven haben. Nicht nur, weil ihr Wächter ein unbändiges Temperament hat, das er von morgens bis abends selbst auf engstem Raum ausleben will. Rattler sind außerdem, trotz ihrer mitunter Winzigkeit, große Dickköpfe. Sie haben - im Gegensatz zu den Schäfer- und Jagdhunden - ein „hartes" Gedächtnis. Selbst die schlimmsten Erfahrungen, wie beispielsweise eine sich wütend gegen den Angreifer wehrende Ratte, hinterlassen in ihrem Gedächtnis keine dauerhaften Spuren, keine Vorsichtsmaßnahmen, keine Meidestrategien. Im Gegenteil: Was von diesem Abenteuer normalerweise übrigbleibt, ist ein wildentschlossenes „Na warte, dir zeig ich's noch" oder - bei sanfteren Naturen - ein auf ewig beleidigtes „Ich seh dich überhaupt nicht, aber komm mir nicht zu nah!".

Rattler raufen und kämpfen gern. Für sie ist das ein Spiel. Auch die kleinsten unter ihnen, lassen sich ihren „Schneid" nie abkaufen. Und ihre Halter sollten nicht den immer noch viel zu häufigen Fehler wiederholen und den „Kleinen" für einen „Kleinen" halten. Rattler sind höchstens äußerlich klein. Innendrin ist jeder Rattler ein Riese. Und wer das nicht glaubt, dem zeigt er's gern. Die Rolle des Rudelchefs einzunehmen und durchzuhalten, fällt auch einer noch so zierlichen Yorkiehündin nicht schwer. Ob das dann auf Dauer gut geht oder nicht, das hängt von der Menschenfreundichkeit und der Toleranz des Rattlers ab ... Empfehlenswert ist es nicht. Empfehlenswert ist eher, auch dem kleinsten Gernegroß vom

Wo ein pflichtbewußter Wolfsspitz vor der Tür sitzt, kommt niemand ungebeten hinein.

doch selbstbewußtesten Begleiter, der seinen Menschen nie (in Worten: NIE) in Stich läßt. Dann hat man einen Begleiter, der seine wahren Vorzüge vor allem in der Urlaubszeit zeigt: Rattler sind nämlich 1. klein genug, um sie überallhin mitnehmen zu können. Sie sind 2. selbstbewußt genug, um sich auch in fremder Umgebung immer ohne Streß zurecht zu finden. Und sie sind 3. haustreu. Sie streunen nicht, sie bleiben bei ihrem Menschen und bewachen auch ganz allein zuverlässig die Badesachen am Strand, das Wohnmobil auf dem Stellplatz.

Rattler eignen sich nur für humorvolle, kompromißbereite Leute, die aber immer wissen, was sie wollen, und die sich - bei aller Freundschaft! - von niemandem die Butter vom Brot nehmen lassen. Rattler sind rauh, aber herzlich und - wenn sie sich wohlfühlen - charmante Dickköpfe. Ihre Menschen sollten ähnlich sein. Für eher sensible, geräuschempfindliche Wesen, für Tagträumer und Zauderer sind sie nicht geeignet.

ersten Tag seine Grenzen zu zeigen. Wer mit einem Rattler in Frieden leben will, sollte seinem Temperamentsbündel schon von Babybeinen an zeigen, wer der Herr im Haus ist. Und er darf sich auch von treuen Welpenblicken nicht einwickeln lassen. Rattler erzieht man nur liebevoll, aber mit absoluter Konsequenz, mit viel Ausdauer und nach dem Motto: „Wehret den Anfängen!" Hat man ihm draußen die „ganze Welt" gezeigt und ihm klar gemacht, daß man keinen Raufbold will, dann hat man den treuesten und dabei

DER NORDISCHE TYP

ÄUSSERE KENNZEICHEN:

Ohren: Kurze Dreiecksohren, stumpf-v-förmig, am Ansatz breit, immer stehend

Kopf: breite Stirn, kurzer Fang, deutlicher „Stop", häufig „Fuchsgesicht"

Körper: nur wenig länger als hoch, fast quadratisch, starkknochig, kräftig

Schwanz: buschige, sehr bewegliche Ringelrute

Fell: zotthaarig mit dichter Unterwolle
Größe: mittelgroß bis groß

MODERNE RASSEN:

„Echte" Schlittenhunde:

Grönland-Hund, Alaskan Malamute, Sibirian Husky, Samojede, Kanadischer Eskimohund

Nordische Jagd- und Wachhunde:

Norwegischer Elchhund, Norwegischer Lundehund, Jämthund, Norbottenspitz, Karelischer Bärenhund, Finnenspitz, Island Hund, Norwegischer Buhund, Schwedischer Lapphund, Westgotenspitz, Lapinkoira, Lapinporokoira, Russisch-Europäische Laika, Westsibirische Laika, Ostsibirische Laika

Asiatische „Spitze":

Akita Inu, Hokkaido Ken, Kai Inu, Kishu Inu, Shiba Inu, Shikoku Ken, Chow Chow (vom Temperament her fast ein „wortkarger Rattler"), Eurasier (Mischung aus Samojede, Chow Chow und Wolfsspitz)

Der sibirische Samojede scheint immer zu lächeln. So freundlich wie seine Mimik ist auch sein Charakter.

VORGESCHICHTE:

Nordische Hunde gibt es seit mehr als 10.000 Jahren rund um den Nordpol. Sie zogen mit den Eiszeitjägern um die Welt, und nur mit Hilfe dieser dem Klima angepaßten Hunde war es den Menschen möglich, in der lebensfeindlichen, arktischen Welt überhaupt Fuß zu fassen. Die Hunde sind - trotz Motorschlitten und modernster Technik - auch heute noch die wichtigsten Helfer der Menschen im Hohen Norden, und sie fürchten sich vor nichts. Nur wenn Wölfe in der Gegend sind, packt sie das kalte Grauen: Wölfe und Nordische Hunde, das paßt nicht zusammen, da ziehen die Hunde immer den kürzeren. Und das ist wohl auch der Grund, warum diese Hunde - trotz aller Vitalität und Freiheitsliebe und trotz aller mitunter nicht gerade hundefreundlichen Behandlung - immer die Nähe der Menschen gesucht haben und bei den Menschen geblieben sind.

Nordische Hunde können - wo es keine Wölfe gibt - schnell und leicht verwildern: Als 1957 eine japanische Südpol-Expedition abgebrochen werden mußte, ließ man Gerät und 20 Akitas in der Eiswüste zurück. Aber als man drei Jahre später zurückkam, begrüßte das Hunderudel, wohlgenährt und munter, seine treulosen Herrn am alten Lagerplatz. Die Akitas hatten offensichtlich von einer 100 km weit entfernten Robbenkolonie gelebt und - gewartet. Der japanische Kaiser ließ ihnen ein Bronzedenkmal errichten. Auch im Central-Park von New York steht eines: „Balto", der Leithund, der mit seinen Kumpanen in einem Rennen gegen die Zeit über fast 1800 km das lebensrettende Diphterie-Serum nach Nome brachte. Und der erste „Astronaut", der die Erde umrundete, das war „Laika", die russische Taiga-Hündin.

In unserer modernen Welt sind Nordische Hunde fast zur Legende geworden, zum Synonym für „Abenteuer und Freiheit". Vor lauter Begeisterung wird leicht vergessen, daß sie erst einmal Hunde sind.

BESONDERE ANSPRÜCHE:
Alle nordischen Hunde sind Bewegungsfanatiker, und ihr Herz gewinnt nur der, der ihnen diese Bewegung verschafft. Man muß deshalb aber nicht unbedingt Mitglied in einem Schlitten-hund-Rennverein werden und den ganzen Sommer über für die Winterrennen trainieren. Einem solchen Hund reichen auch lange Ausflüge und ein großer Garten. Der sollte dann aber wirklich groß sein und

dem Hund allein gehören. Rosenbeete und Blumenrabatte hätten gegen seine Unternehmungslust sowieso keine Chance. Und er sollte fest und ausbruchsicher umzäunt sein. Alle nordischen Hunde sind extrem neugierige Hunde. Der „desire to go", der Wille loszustürmen, sobald sich irgendwo am Horizont irgend etwas zeigt, was ihr Interesse regt, ist groß. Und im Gegensatz zu den Spitzen, denen sie auf den ersten Blick so ähnlich sind, sind sie überhaupt nicht haustreu: Nordische Hunde streunen gern und jagen mit Leidenschaft alles was sich bewegt - auch Nachbars Katzen und Hühner.

Schlittenhundrennen sind kein Muß, aber Laufen ist es. Und am liebsten über halbe Marathonstrecken.

Die Neugier dieser Hunde und ihr Wille, selbst unter den widrigen Verhältnissen alles auszukundschaften, ist enorm. Und wer mit einem nordischen Hund zufrieden leben will, sollte auf diese unersättliche Neugier Rücksicht nehmen. Nordische sind keine Hunde für Routine-Aufgaben im Routine-Alltag. Das langweilt sie auf Dauer und bringt sie dann - von ganz allein - auf eigene Ideen.

Wenn sie dürften, wie sie möchten, sind Nordische Hunde begeisterte Jäger und erfolgreiche Selbstversorger. Sie jagen alles, was kleiner ist als sie selber. Und sie dulden, auch wenn sie nicht jagen dürfen, außer ihrem eigenen, bekannten Rudel keinen potentiellen Mitesser in ihrer Nähe. Ihr Verhältnis zu anderen Hunden ist deshalb immer gespannt: Die einen, die Kleineren, nehmen sie leicht als Beute an, die anderen, die Größeren, sind ihnen als Konkurrenten suspekt. Und ihr Halter muß vom ersten Tag an dem Welpen das Hunde-ABC beibringen, das lautet:

1. Der Mensch ist immer der Chef.
2. Der Chef bestimmt, wo es lang geht und wo nicht.
3. Gejagt wird nicht, NIE!
4. Andere Hunde werden übersehen!

Die Erziehung dieser Temperamentsbündel ist nicht einfach. Alle nordischen Hunde haben ein „hartes" Gedächtnis: Gewalt beeindruckt sie nicht. Und Widerstände sind für sie nur dazu da,

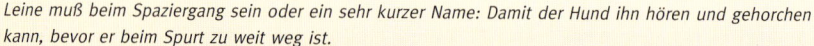

Leine muß beim Spaziergang sein oder ein sehr kurzer Name: Damit der Hund ihn hören und gehorchen kann, bevor er beim Spurt zu weit weg ist.

um überwunden zu werden. Das Leben in Eis und Tundra war und ist kein Zuckerschlecken, da muß man sich durchsetzen, da muß man überleben wollen. Was einen nordischen Hund beeindruckt, ist Freundschaft. Und der zuverlässige Schutz durch einen zuverlässigen Kumpan. So einem zuverlässigen Kumpan schließt er sich gerne und freiwillig an, auch ohne Extra-Streicheleinheiten und Extra-Leckerlis. Und diesem Kumpan hält er die Treue auf immer und ewig und in jeder Situation. Die Freundschaft eines nordischen Hundes kann man nicht „kaufen", die bekommt man geschenkt - wenn man ein zuverlässiger Kumpan ist, der den Hund als Kumpan und als Hund akzeptiert.

Nordische Hunde suchen und brauchen eine feste Beziehung, eine Bindung an ihren Menschen. Finden sie die nicht, können sie auch ohne Menschen zurechtkommen. Menschen sind für einen nordischen Hund keine übermächtigen Wesen, ohne die er nicht leben könnte. Ohne irgend etwas zu vermissen, kann er ebenso freundlich in ihrer Nähe, neben ihnen wohnen. Und das vor allen Dingen dann, wenn er noch andere vierbeinige Kumpane neben sich hat, denen das genauso geht. Diese Hunde, vor allem die Schlittenhunde, im Rudel im Zwinger zu halten, ist heute - leider - ganz üblich geworden. Und genauso üblich ist dann auch die Aussage: „Diese Hunde sind viel zu freiheitsliebend, die kann man nicht erziehen." Aber diese Aussage ist falsch: Man kann auch den dickköpfigsten, selbstbewußtesten Nordischen erziehen. Man muß nur bereit sein, zu diesem „Naturburschen" eine Beziehung aufzunehmen, eine Bindung einzugehen.

Dann antwortet er, wie es seine Art ist: freundlich, zurückhaltend und treu.

Als Schutz- und Wachhunde frei in Haus und Garten gehalten, sind diese Hunde fehl am Platz. Dazu sind sie von Natur aus viel zu menschenfreundlich und zu neugierig. Wer trotz seiner Liebe zu den Nordischen „bewacht" werden möchte, sollte sich zusätzlich einen kleinen Rattler halten: Der Rattler paßt auf, und der Nordische hilft dem Kumpan.

Nordische Hunde eignen sich am besten für unternehmungslustige Leute, die selbst in sich den „desire to go" verspüren, die aber wenige, feste Bindungen jeder Party-Fröhlichkeit vorziehen und trotz aller Unternehmungslust immer wieder gerne zu ihrem Rudel, ihrem Zuhause zurückkehren.

DER LAGERHUND-TYP

ÄUSSERE KENNZEICHEN:

Ohren: Dreiecksohren, am Ansatz breit, als locker am Kopf anliegende Schlapp- oder Rosenohren getragen, etwa genauso lang wie breit

Kopf: breite Stirn, eher kurze, stumpfe Schnauze, deutlicher „Stop"

Körper: nur wenig länger als hoch, fast quadratisch, starkknochig, kräftig

Schwanz:Sichelschwanz, mitunter bei Erregung hoch über den Rücken gerollt

Fell: kurz-, zott-, langhaarig

Größe: mittelgroß bis sehr groß

MODERNE RASSEN:

Kurzhaarige Doggenartige (= Mastiffs, Packer, Metzgerhunde):

Mops, Shar Pei, Tosa Inu, English Bulldog, Bullmastiff, Mastiff, Boxer, Rottweiler, Deutsche Dogge (mit einem Anteil Windhund), Entlebucher, Appenzeller, Kurzhaar-Bernhardiner, Großer Schweizer Sennenhund, Mastino Napoletano, Bordeaux-Dogge, Perro de Presa, Mallorquin, Cao de Castro Laboreiro, Berger de Beauce (mit einem Anteil Schäferhund), Mittelasiatischer Owtscharka, Karabash, Kangal, Dogo Argentino, Fila Brasileiro, Broholmer

Lang-, zotthaarige Bauern- und Hirtenhunde:
Berner Sennenhund, Langhaar-Bernhardiner, Hovawart, Leonberger, Landseer,

Neufundländer, Pyrenäenberghund, Mastin de los Pirineos, Mastin Español, Raffeiro do Alentejo, Cao da Serra da Estrela, Aidi, Cane da Pastore Maremmano-Abruzzese, Kraski Ovcar, Sarplaninac, Kuvasz, Slovensky Cuvac, Polski Owczarek Podhalanski, Kaukasischer Owtscharka, Mioritic, Karakatchan, Akbash, Koochi, Tibet-Dogge

„Bärtige", langhaarige Treib- und Hütehunde:
Tibet Terrier, Puli, Polski Owczarek Nizinny, Schapendoes, Berger des Pyrénées à poil long, Katalonischer

Der Rottweiler ist ein Kraftpaket. Er ist ein unbestechlicher Wächter, der seine Familie sehr liebt - aber kein Hund für Anfänger.

Schafherden in der Hohen Tatra haben ihren „Bodyguard" gegen Wolf, Bär oder auch Wilderer: einen Schutzhund wie diesen Podhalaner.

Schäferhund, Cao da Serra de Aires, Bearded Collie, Bobtail, Bergamasker, Briard, Bouvier de Flandres, Südrussischer Owtscharka, Komondor

VORGESCHICHTE:

Die Lagerhunde sind die uralt-eingesessene Hunde-Population der eurasischen Hochgebirge von den Pyrenäen bis hin zum Himalaya. Große Schlappohr-Hunde gab es hier - und nur hier - schon seit Jahrzehntausenden. Sie waren eher langzotthaarig in den kalten, trockenen Hochlagen, eher kurz-stockhaarig an den schneereichen Hängen und in den wärmeren Tälern. Sie waren hell wie Schafe und Ziegen, wenn sie auf den schattenlosen Almen lebten, wo auch die Ziegen und Schafe grasten. Sie waren dunkel oder gescheckt wie Kühe, wenn sie in den Flußtälern und Wäldern lebten, wo auch Ur und Yak weideten. Das Klima bestimmte Aussehen und Größe dieser Hunde. Und im Laufe der Jahrtausende entstanden in der Abgelegenheit der Täler die unterschiedlichen Regionalschläge, aus denen dann Rassen wurden. Als Urahn aller dieser Rassen wird meist der „Indische Hund" genannt, den Alexander der Große mit nach Europa brachte, oder der „Ku-Assa" aus Mesopotamien. Aber die Lagerhunde sind älter als alle eurasischen Hochkulturen. Ihre Spuren reichen zurück bis in die Neusteinzeit, bis in den Anfang der menschlichen Siedlungsgeschichte überhaupt. Man nennt sie heute auch „Berghunde", weil sie in den hohen Bergen zu Hause sind, oder „Molosser", weil die Griechen diese Hunde aus der Landschaft „Molossis" kannten, dem heutigen Kosovo, dem Sarplanina-Bergland. Der FCI kennt diesen „Typ" überhaupt nicht und verteilt die zugehörigen Hunde auf alle möglichen Gruppen und Untergruppen.

BESONDERE ANSPRÜCHE:

Lagerhunde sind die geborenen Wach- und Schutzhunde. Sie wurden und werden seit Jahrtausenden als unbestechliche Wächter in Haus und Hof eingesetzt, als wehrhafte Verteidiger der Herden draußen gegen Wolf und Bär. Und sie nehmen auch heute noch diesen Dienst fast humorlos ernst. Lagerhunde sind standort-treu. Sie streunen nicht, und sie jagen nur, wenn's sein muß. Ihr Bewegungsdrang und ihr Temperament halten sich in Grenzen: Stundenlang rumliegen, vom erhöhten Posten aus die Welt beobachten, der kleinen Fliege zugucken, die über die dicke Pfote krabbelt, ab und zu einen Rundgang machen, nachsehen, ob alles in Ordnung ist, einen „kessen Passanten" scheuchen, eine kurze Tobestunde einlegen, und dann wieder zurück auf den Aussichtsplatz - viel mehr wünscht sich ein Lagerhund nicht. Lagerhunde lieben ihre Ruhe, ihr Rudel und sonst nicht viel auf der Welt.

Aber: Jeder Lagerhund hat einen Schalter im Kopf. Und dieser Schalter kann in Sekundenbruchteilen von absoluter Ruhe in absoluten Angriff umschalten.

Sein Name sagt alles über den Hovawart: „Der Hund, der den Hof verwahrt".

Wer glaubt, daß alle Bernhardiner „bräsig", alle Neufundländer „lieb" und alle Bobtails „verspielt" sind, der kann sein blaues Wunder erleben. Lagerhunde sind „Hunde mit zwei Gesichtern". Das eine, das freundlich-fröhliche Gesicht, zeigen sie im täglichen Alltagstrott in ihrem vertrauten Rudel. Das andere aber, das mißtrauisch-abweisende, das haben sie Fremden gegenüber immer bereit. Wer mit seinem Lagerhund problemlos-friedlich durch die Welt ziehen will, der sollte deshalb drei Grundprinzipien beachten:

1. Kaufen Sie Ihren Hund nur beim guten Züchter und aus Familienaufzucht.
2. Kaufen Sie keinen Hund, von dem der Züchter stolz erzählt, er sei „natur-scharf": Lagerhunde dürfen nicht „scharf" sein, sie sind - wenn's drauf ankommt - wehrhaft genug.
3. Zeigen Sie Ihrem Junghund die Welt und lassen Sie ihn viel angenehme Erfahrungen draußen machen: Was ein Lagerhund im ersten Halbjahr als freundlich erlebt hat, das wird er, wenn er erwachsen ist, zumindest tolerieren.

Die Erziehung dieser Hunde ist eigent-lich nicht schwierig, wobei allerdings die Betonung auf „eigentlich" liegt und Er-ziehung nicht mit Dressur verwechselt werden darf. Dressieren lassen sich diese Hunde nicht, und absoluter Gehorsam ist ihnen ein Fremdwort. Erziehen aber kann und muß man sie, vom ersten Tage an und dann täglich: Sie sind Spätentwickler, erst mit vier Jahren richtig erwachsen, und sie lernen ein Leben lang. Aber: Lagerhunde sind „harte" Hunde mit einem „harten Gedächtnis". Und dazu sehr selbst-bewußte, eigenverantwortliche Hunde. Ein Lagerhund will erst einmal den Grund verstehen, ehe er „hört". Und selbst dann überlegt er immer noch ein paarmal, ob dieser Grund auch trägt und jetzt und in diesem Moment tatsächlich verbindlich ist. Wer mit seinem Lagerhund gut aus-kommen will, braucht also Zeit, Geduld, Humor und einen ähnlichen Dickkopf wie

sein Kumpan. Mit Gewalt läuft bei diesen Hunden gar nichts: Auf Gewalt und Ungeduld reagieren sie mit Sturheit - oder Gegengewalt. Aber alles läuft bei ihnen mit Geduld und Zuwendung, mit Lob und mit Fingerspitzengefühl.

Trotz aller „Härte" und Selbständigkeit sind Lagerhunde die reinsten Sensibelchen und Schmusekatzen. Sie hängen an ihrem Rudel mit absoluter Hingabe, Sanftmut und Treue. Sie lassen sich von den „Jungtieren" im Rudel (= Kindern, Katzen, Papageien) fast alles gefallen. Und sie beschützen ihr Rudel gegen alles und jedes - ganz ohne Schutzhund-Ausbildung. Gerade deshalb aber eignen sie sich nicht für eher ängstli-che, eher mißtrauische Leute. Wer zu seiner Umgebung so wenig Vertrauen hat, daß er lieber einen Hund neben sich hätte, der ihn „zur Not beschützt", der sollte sich keinen Lagerhund halten. Sein Hund, sensibel und schutzbereit wie er ist, würde jede leichte Besorgnis seines Menschen als Auffor-derung zum Handeln verstehen! Lager-hunde lassen sich nichts vorschreiben, sie entscheiden selbst, wann sie „angreifen", und erst recht, wann sie „auslassen".

Lagerhunde passen zu Leuten, die die-sen Hunden ähnlich sind: dickköpfig, geduldig, aber selbstbewußt. Sie passen zu Leuten, die ihre Ruhe und ihr Rudel lie-ben, die aber mit dem Rest der Welt fried-lich auskommen wollen, zu Leuten, die Gegenworte und Niederlagen gelassen wegstecken. Sie passen zu unverbesserli-chen Optimisten.

DER WINDHUND-TYP

ÄUSSERE KENNZEICHEN:

Ohren: Dreiecksohren, als locker anlie-
gendes Schlappohr oder verdreh-
tes Rosenohr getragen, mitunter
lang „befedert", Mittelmeer-
Rassen mit großen Stehohren

Kopf: sehr lang und sehr schmal, ohne
„Stop"

Körper: quadratisch oder hochgestelltes
Rechteck (höher als lang), Bauch
stark „aufgezogen" (= Hunger-
künstlerfigur), leichtknochig

Schwanz:als Hakenrute, bei Erregung
„eingezogen" unter dem Bauch
getragen

Fell: kurz-, rauh-, langhaarig

Größe: mittelgroß bis sehr groß

An Hand der Ohrformen unterscheidet
man drei Herkunfts-Gruppen.

MODERNE RASSEN:

Westliche Gruppe:

Rosenohren, Fell kurz- oder rauhhaarig,
Irish Wolshound, Scottish Deerhound,
Greyhound, Lurcher, Whippet, Italie-
nisches Windspiel, Galgo espanol, Galgo
anglo-hispano, Lagnoikos tis Rodos, Chart
Polski, Magyar agár, Chortaja, Barzoi,
Mudhol, Chippiparai, Kangaroo Dog

Östliche Gruppe:

Schlappohren, kurz- oder langhaarig, mit-
unter „befedert", Azawakh, Sloughi,
Shilluk, Buschmannshund, Rampur
Windhund, Steppenbarzoi, Saluki (= Tazy),
Turkmenischer Windhund, Taurus
Windhund, Chinesischer Windhund,
Afghane

Mittelmeer-Gruppe:

große Stehohren, kurzhaarig, Kelb tal
Fenech (= Pharaoh Hound), Podenco
Ibicenco, Podenco Canario (= Guanchen-
hund), Podengo Portugues (in drei
Größen mit viel Rattler-Einschlag), Cirne-
co dell'Etna, Bisharin, Disra, Sansibar
Windhund, Veadeiro Catarinense (=
Rehhund)

VORGESCHICHTE:

Die Windhunde waren und sind in den
Wüstensteppen und Savannen zu Hause,
die im Windschatten der eurasischen
Hochgebirge liegen. Sie sind Steppenjäger,
Hetzjäger. Sie unterscheiden sich von allen
anderen Hunden dadurch, daß sie die
Beutespur nicht mit der Nase, sondern mit
den Augen aufnehmen. Nur die stehohri-
gen Mittelmeer-Rassen suchen (auch) mit
der Nase.

    Ob das daran liegt, daß das Mittelmeer
noch zu historischen Zeiten dicht bewal-
det war und die alten Sichtjäger deshalb
auch andere Jagdtechniken übernehmen
mußten, oder aber daran, daß diese Hunde
gar keine „Echten Windhunde" sondern
„Paria-Abkömmlinge" sind, darüber strei-
ten sich Experten bis heute erbittert.

    Der FCI rechnet die Mittelmeer-Rassen
nicht zu den Windhunden. Er rechnet sie
zum „Ur-Typ mit oder ohne jagdliche
Verwendung". Warum man allerdings ausgerechnet Hunde, die nachweislich schon
in den Zeiten der alten Ägypter als
Modehunde gezüchtet wurden und nur auf

Falls jetzt am Ende der Wiese ein Hase aufspringt, sprinten diese beiden mit gut 50 km/h hinterher.

wenigen Inseln überlebten, als „Urtypen" bezeichnet, das erklärt der FCI nicht.

Die Geschichte der Windhunde beginnt schon zur Steinzeit in den wildreichen Savannen Nordafrikas und Vorderasiens. Für die Menschen in diesen Regionen war und ist die Freundschaft mit diesen erfolgreichen Steppenjägern eine wichtige Lebensgrundlage:

Ein Mensch, mit Pfeil und Bogen ausgestattet, kann danebentreffen. Ein oder gar zwei Windhunde aber, die greifen sich ihre Beute immer. Die jagen hinterher und geben erst auf, wenn sie ihre Beute gefaßt

oder aus den Augen verloren haben. In allen arabischen Ländern gilt deshalb ein Windhund auch heute noch nicht einfach als Hund, als „Kerf", den man vertreiben müßte.

Er ist „el Hor", der Edle und hoch geachtet. Zu uns nach Europa kamen diese „Edlen" erst im Mittelalter mit der Ritterkultur und den Kreuzzügen. Sie waren und blieben lange Zeit die „Herrenhunde" unter den „Herrenhunden", und kein normaler Sterblicher, kein Nicht-Adliger durfte diese Hunde halten.

Kein Windhund ist anmutiger und eleganter als der Saluki, der über den Boden zu schweben scheint.

BESONDERE ANSPRÜCHE:

Windhunde sind auch heute noch Liebhaberhunde: Sie brauchen Platz. Wer kein großes Grundstück, keinen Park sein eigen nennt, der muß laufen, laufen, laufen. Täglich mehr als zwei Stunden. Und für diesen täglichen Auslauf braucht er eine Strecke, die möglichst wildfrei und gut zu übersehen ist. Windhunde jagen alles, was sich bewegt. Und wenn sie jagen, hören sie absolut nichts mehr. Es gibt nur eine Möglichkeit, einen Windhund vom Jagen abzuhalten: Sein Mensch muß die Beute als erster gesichtet haben und sei-

nen Hund zu sich rufen, ehe der durchstartet. Einem Windhund das Jagen abzudressieren, wie man das bei den Jagdhunden sonst tun kann, das ist unmöglich. Windhunde sind „jagende Hunde", keine Jagdhunde.

Die Erziehung dieser begeisterten Jäger ist ähnlich schwierig-unschwierig wie bei den Lagerhunden: Ein Windhund, der mit seinem Menschen zufrieden ist, der wird fast von allein zum Traumhund. Er folgt aus Zuneigung, nicht auf Befehl. Ist er allerdings nicht zufrieden, fehlt es ihm an Bewegungsfreiheit, Zuneigung, Achtung,

Ein Whippet will immer da sein, wo gerade sein Mensch ist. Und Whippets lieben es warm. Im Sommer schätzen sie Sonnenbäder.

nen eigenen Menschen gegenüber mit giftiger Bissigkeit. Es gibt Leute, die sagen: „Windhunde sind dumm und unerziehbar". Aber das sind Leute, die von Windhunden keine Ahnung haben, Leute, die nicht wissen, daß es auch unter Hunde ganz katzenhaft-freiheitsliebende Rassen gibt. Ein Windhund aber ist wie eine Katze: Er kommt, wann er will, und er folgt von sich aus oder gar nicht. Mit Gewalt und Unterordnung kann man bei diesen stolzen Steppenjägern keinen Blumentopf gewinnen. Windhunde sind „harte" Hunde mit einem ausgesprochen „harten Gedächtnis", und die einzige Spur, die unangenehme Erfahrungen in ihrem Gedächtnis hinterlassen, ist ein mürrisches: „Komm mir nicht zu nahe..." Ihr unbändiges Temperament zeigen Wind-

dann kann er ganz genauso schnell fast zum Alptraum werden. Dann zieht er sich entweder still zurück und wird auf Dauer unansprechbar. Oder er reagiert selbst sei-

Gerade drei Monate alt sind diese Irischen Wolfshunde. Wer die größten aller Hunde hält, braucht Platz, sehr viel Platz.

hunde aber nur draußen, bei der Jagd. Im Haus sind sie ruhige, gelassene Mitbewohner, denen die Welt mit ihrem Getöse und Gerenne ziemlich egal ist. Windhunde bellen nur, wenn wirklich was los ist, und dann auch nur kurz. Besuch wird in Augenschein genommen und dann übersehen. Fremde Menschen müssen schon etwas in Windhund-Augen sehr Besonderes an sich haben, um das dauerhafte Interesse dieser gelassenen Hetzjäger auf sich zu ziehen. Als Wach- und Schutzhunde eignen sie sich deshalb nicht.

Doch ihre Nonchalance Menschen gegenüber übertragen sie nicht ohne weiters auf die dazugehörigen Vierbeiner jeder Art. Sie sind und bleiben nun mal begeisterte Jäger. Kleinere Hunde oder Katzen werden von ihnen gerne als Beute angenommen, gejagt und durchaus mit dem berüchtigten „Windhund-Kill" getötet. Größere dagegen werden häufig als Konkurrenten oder Rivalen betrachtet und nach Möglichkeit in Windeseile vertrieben. Bei Windhunden gilt der sonst gültige Tip nicht, der besagt: „Gehen Sie mit ihrem Junghund viel zu anderen Hunden und Katzen, damit er den freundlichen Umgang mit denen nicht verlernt." Ein Windhund kann durchaus seine „eigene" Katze oder Nachbars Foxl als Freunde akzeptieren. Das wird ihn aber nicht daran hindern, draußen, wenn es sich so ergibt, ein erfolgreicher Vollblut-Katzen- oder -Foxl-Jäger zu sein.

Auf den Rennplatz, auf die Jagd nach dem künstlichen Hasen läßt man diese Vollblut-Jäger immer nur mit Maulkorb - damit sich die „edlen Winde" nicht vor lauter Jagdeifer und Beute-Rivalität beim Anblick des gestellten Hasen in die Haare kommen. Und selbst innerhalb des eigenen Rudels ist Vorsicht angesagt: Wenn der Beutetrieb sie packt, dann hören und sehen Windhunde überhaupt nichts mehr. Als Aufpasser und Spielkumpan für fröhlich umhertobende, ballspielende Kinder sind sie deshalb relativ ungeeignet.

Windhunde brauchen Menschen mit viel Platz, Zeit und Liebe. Sie brauchen Menschen, die diese archaischen Jäger akzeptieren, so wie sie sind, und die deren Geschichte und Hintergrund nie vergessen. Sie brauchen Menschen, denen die katzenhaft-selbständige Art dieser Hunde entgegenkommt, denen sie gerade lieb ist: Sie brauchen - Katzenfreunde.

MISCHLINGE

Der Mischling ist hierzulande die beliebteste Hunderasse überhaupt, und alle sind sich im Grunde einig: Mischlinge sind „besser": Sie sind nämlich „durchweg intelligent, instinktsicher, vital, pflegeleicht und liebenswert". Fragt man allerdings: Was ist ein Mischling?, dann ist es mit der Einigkeit gleich vorbei. Wie kommt das? Was ist der Unterschied zwischen einem Mischling und einem Rassehund? Die Züchter haben da ganz klare Vorgaben: Rassehund ist nur der, der eine quasi-amtliche Ahnentafel vom Züchterverein hat, aus der seine genehmigte „adlige" Abkunft klar hervorgeht. Heiratet beispielsweise eine adlige Ahnentafel-Dackeldame - mit Zustimmung ihrer

Eine stolze Ahnentafel hat er nicht, dafür mit Sicherheit aber um so mehr Charakter.

keine Mischlingsfrage - ganz einfach deshalb, weil es noch keine Rassen gab. Früher, vor Beginn der Rassehund-Zucht, kannte man „Landschläge" oder „Naturrassen". Da züchtete man zwar auch schon Hunde. Aber ausschlaggebend war nicht das Äußere, sondern der Verwendungszweck: Die Hunde mußten in ihre Umwelt und in die Umwelt ihrer Menschen passen. Und deshalb sahen sich die Landschläge in einer bestimmten Gegend und bei bestimmten Berufsgruppen auch immer sehr ähnlich: Auf den einsamen Höfen wachte der große, meist dunkle „Hofwart", in den engen Dörfern und kleinen Ackerbürgerstädten die kleinen, lautstarken „Mistbeller". Die Hirten draußen hatten Hirtenhunde und die Viehtreiber ihre kräftigen „Bullenbeißer". Die Fuhrleute und Binnenschiffer hielten sich kleine, aber schneidige „Rattler", die feinen Damen ihre Schoß- oder „Ärmelhunde" gegen aufdringliche Grapscher. Nur die adligen Herren sprachen schon von „Rasse". Aber sie verbanden damit nichts Äußerliches. Rasse hatte ein Hund, wenn er absolut menschenfreundlich war und absolut spurtreu bei der Jagd. Mischling ja oder nein, das war keine Frage. Mischlinge waren sie, mehr oder weniger alle, die alten Landrassen, aus denen dann im Laufe der Zeit die heutigen Rassehunde entstanden sind.

Seit 150 Jahren aber, seit dem Beginn der Industrialisierung, hat sich nicht nur die Welt der Menschen verändert. Auch die Hundewelt änderte sich radikal: Heute tummeln sich Appenzeller in der

Leute, aber ohne vorherige Genehmigung des Vereins - einen ebenso adligen Ahnentafel-Dackelrüden, dann sind ihre Welpen - laut Züchterentscheid - keine Rassehunde. Laut Volksmund aber doch. Erst wenn sie sich mit Fifi, dem Pudelspitz von Nebenan, einließe, würde Volksmund sagen: „Das sind Mischlinge". Volksmund bezeichnet nämlich nur den Hund als Mischling, der ohne jedes menschliche Zutun und im freien Verkehr zwischen (mindestens) zwei unterschiedlichen Rassen entstanden ist.

Mischling, rasselos, rasserein - der Streit um die Zuordnung ist ein moderner Streit. Früher, vor gut 100 Jahren, gab es noch

Diese Mischung aus Hirtenhund und Jagdhund wird im Norden Griechenlands speziell für die Wildschweinjagd gezüchtet.

Lüneburger Heide, Rottweiler in Bern und Berner in Rottweil. Die alten Landrassen, jene vitalen Naturburschen, die, nur dem harten Gesetz der natürlichen Auslese unterworfen, frei aufwuchsen und deshalb vital, gesund und schlau sein mußten, die gibt es bei uns nicht mehr. Hierzulande ist heute jeder Mischling ein Nachkomme irgendeines Rassehundes. Jeder wurde absichtlich von Menschen aufgezogen. Und viele von ihnen sind sogar absichtlich gezeugt, wie Rassehunde.

Wenn Sie sich also - aus was für Gründen auch immer - einen Mischling ins Haus holen wollen, geben Sie sich mit dem Kauf Ihres neuen Kumpels genauso viel Mühe, wie Sie es mit einem Rassehund machen würden. Fragen Sie. Fragen Sie genau nach, wie „das passiert ist" und warum. Intelligenz, Instinktsicherheit, Vitalität sind bei Hunden nicht angeboren und für immer ab Geburt gebrauchsfertig da. Intelligenz, Instinktsicherheit, Vitalität muß sich von Baby-Beinen an entwickeln, muß geübt, eingesetzt werden. Sonst gehen die besten Erbanlagen bald und unwiderruflich verloren.

Und fragen Sie vor allem auch nach dem beteiligten Rüden. Mischlinge sind auch bloß Hunde, und sie haben ihre Weseneigenarten von ihren Eltern, Großeltern geerbt. Bei allen „reinen" Typen, egal ob Rasse oder Mischling sind die Vor- und Nachteile irgendwie ausgewogen:

• Der Bewegungsdrang und die Arbeitsfreude der Schäferhunde lassen sich wegen der enormen Führigkeit dieser Hunde leicht in für den Menschen angenehme Aktivitäten umwandeln.

• Die Unternehmungslust und die Lauffreudigkeit der Jagdhunde werden durch die ihnen angeborene Freundlichkeit und Mitmach-Bereitschaft zu sozialen Tugenden.

• Das Temperament und die Härte der Rattler wird erträglich durch ihre Spielfreude und ihre Hausgebundenheit.

• Die eigenwillige Vitalität der Nordischen Hunde wird gemildert durch ihre Bindungsfähigkeit und ihre „Coolness" anderen gegenüber.

• Die Beharrlichkeit und der Schutztrieb der Lagerhunde wird handhabbar durch ihre gelassene Ruhe und ihre Liebe zum Rudel.

• Die alles vergessende Jagdlust der Windhunde wird tragbar durch ihr üblicherweise ruhiges, eher desinteressiertes Verhältnis zur Umwelt.

Was aber ist, wenn man alle Typen bunt durcheinandermischt?

Solche Mischungen können gut sein und gutgehen. Die Züchter haben immer schon damit „fröhlich experimentiert, und so mancher Rassehund war in seinen Anfängen nichts anderes als ein absichtlicher Bastard - die Rauhhaardackel (Mischung aus Jagdhund und Rattler), die Deutschen Doggen (Mischung aus Lagerhund und Wind-

hund), die Dobermänner (Mischung aus Rattler, Lagerhund und Windhund), die Hovawarte (Mischung aus Lagerhund und Schäferhund), die Retriever (Mischung aus Jagdhund und Lagerhund) und viele, viele mehr:

• Schäferhund-Einschlag macht jeden Hund aktiver,

• Jagdhund-Einschlag macht ihn umgänglicher,

• Rattler-Blut verspielter, aber auch rauflustiger,

• Schlittenhund-Einschlag macht unternehmungslustiger,

• Lagerhund-Blut macht ruhiger, aber auch „humorloser" und

• Windhund-Blut macht fast „launenhaft" selbstbewußt.

Ob diese „Mischungen" gut gehen oder nicht, das stellt sich erst im Laufe der Zeit heraus. Bei Rassehunden, die aus solchen Typ-Verkreuzungen entstanden sind, weiß man das. Da können Sie nachfragen und nachlesen. Bei Nicht-Rasse-Mischlingen aus Privathand aber müssen Sie abwarten - und ertragen, was folgt. Die Mischung Golden Retriever und Sibirian Husky etwa, die ist zwar im Moment „modemäßig total in". Aber kein Experte der Welt kann Ihnen im voraus sagen, was dabei rauskommt: ein führigerer Schlittenhund oder ein im Umgang mit Fremden zurückhaltenderer Jagdhund oder aber ein unerziehbarer Jäger, vielleicht sogar ein absolut begeisterter Streuner ...?

Hunde vererben nämlich nicht nur ihre positiven Eigenarten, sie vererben auch ihre „Macken". Beim Rassehund können

Sie nachlesen, wie sich Plus und Minus zusammensetzt und was Sie am besten tun, um mit den Wenns und Abers zurechtzukommen. Beim Mischling müssen Sie abwarten, welche Wenns und Abers er im Laufe der Zeit entwickelt. Und bis Sie das begriffen haben, kann es für die übliche Grundausbildung, die die Probleme gar nicht erst aufkommen läßt, schon zu spät sein.

Mischlinge sind keine eigene Rasse. Sie sind Hunde. Sie haben Ahnen wie Rassehunde auch. Und von diesen Ahnen haben sie Vor- und Nachteile geerbt und damit auch alle hundespezifischen Erbkrankheiten. Aber man kauft sie wie gebrauchte Autos: wie besehen, ohne Garantie und auf eigenes Risiko.

Ohne Risiko kauft man allerdings auch keinen Rassehund. Auch ein 2000-DM-Rassehund kann trotz aller Versprechungen schwerste HD (= Hüftgelenksdysplasie) haben - wie jeder Mischling auch. HD ist keine Rassehund-Erbkrankheit. HD haben Menschen, Pferde, Hunde. Die Zuchtvereine sagen, sie achten auf HD. Sie führen auch Statistiken. Aber getan hat sich in den meisten Vereinen herzlich wenig. Ein 2000-DM-Rassehund kann auch schon mit sechs Jahren alt und todkrank

Die Deutsche Dogge ist eine gewollte Kreuzung aus zwei unterschiedlichen Hundetypen und trägt das Erbe beider in sich.

Ein „gedackelter Schäferhund" ist nicht gerade ein Schönheitsideal, aber zwischen Schäferfell und krummen Beinen steckt vielleicht ein Traumhund.

sein. Die Züchter zucken dann mit den Schultern, verweisen darauf, daß es bei dieser Rasse auch Hunde gibt, die zwölf Jahre werden und älter. Aber die Durchschnittslebenserwartung geht heute im Trend bei allen Hunden mehr und mehr zurück. Daß ein Großer 14, daß ein Kleiner 18 Jahre alt wird und gesund bleibt, ist - trotz aller Verbesserungen in der medizinischen Betreuung - heute eher die Ausnahme als die Regel. Und das gilt für Mischlinge genauso wie für Rassehunde.

Nach 100 Jahren intensivster Hundezucht gibt es eigentlich nur noch zwei Unterschiede zwischen Rassehunden und Mischlingen:

1. Die Mischlinge haben keine Ahnentafeln.
2. Die Mischlinge sind billiger.

Hunde sind sie trotzdem. Und Hunde bleiben sie auch. Ob aber ein Hund „gut" ist oder „besser", das hängt nicht davon ab, ob er Mischling, Bastard oder Rassehund ist.

Das hängt von seinem Erbe, seinem Typ, von seiner Aufzucht und seiner Haltung ab. Und außerdem: Was soll der ganze Streit? - Der beste Hund ist sowieso immer der, der zu mir paßt, den ich mag, der (deshalb) auf mich hört und mit mir geht: Mein Traumhund.

„Der Hund meiner Träume"

Familie L. kaufte sich eine West Highland Terrier-Hündin - weil sie nur Gutes über diese Rasse gehört hatten - und Frau L. gab sich vom ersten Tag an viel Mühe mit der Erziehung der Kleinen: Dreimal die Woche ging sie mit ihr erst in die Welpenspielstunde, dann in den Begleithunde-Kurs, dann zum Agility. Aber als die Hündin drei Jahre alt war und schon zweimal die Begleithunde-Prüfung abgelegt hatte, stand für Frau L. fest: „Das ist nicht die Hündin meiner Träume."

Die Westie-Dame war zwar durch und durch gut erzogen, aber wenn sie andere Spielkumpane sah, dann war Frau L. für sie nebensächlich. Sie verstand sich mit allen - Menschen und Hunden - ausgesprochen gut. Zu gut, wie Frau L. meinte, schließlich soll ein Hund doch draußen bei seinem Menschen bleiben, den im Auge behalten und ihn auch zur Not beschützen. Der Westie-Dame aber waren fremde Spielgefährten viel wichtiger und sie übersah - dickköpfig und selbstbewußt - alle Umerziehungsversuche. Frau L. zog resigniert den Schluß: Diese Hündin war ein Fehlkauf, eine Enttäuschung.

Der nächste Hund, da war sich Frau L. ganz sicher, sollte besser sein: Treu und anhänglich sollte er sein, unterordnungsbereit und führig, ein Hund, der nur auf seinen Menschen hört und dem draußen immer zur Seite steht. Trotzdem sollte er ausgesprochen verträglich sein gegenüber Artgenossen und absolut menschenfreundlich, aber dabei doch mutig und jederzeit bereit, seine Leute zu verteidigen und zu beschützen. Er sollte ruhig sein im Haus, kein Kläffer und kein Bewegungsfanatiker, aber gleichzeitig auch temperamentvoll auf dem Hundeplatz und Agility-tauglich.

Der Golden Retriever ist ein Jagdspezialist und wegen seiner angenehmen Art als Familienhund geschätzt.

Frau L.'s Karriere als Hundehalterin steht unter keinem guten Stern. Sie wird von einer Enttäuschung in die nächste rutschen, denn: „Der Traumhund", der alles kann, den gibt es nicht.

Der Hund, der alles kann und alles lernt, den gibt es nicht: Jeder Hund ist anders. Jeder bringt seine ererbten, rassespezifischen Eigenarten mit, und die sind auch durch jahrelanges Training auf dem Hundeplatz und unendliche Umerziehungsversuche nicht umzumodeln. Aus einem selbstbewußten, eigenwilligen

Wenn sich der zum Hund passende Mensch und der zum Menschen passende Hund finden, wird daraus mit Glück für lange Jahre ein Traumpaar.

Westie macht niemand einen führigen, anhänglichen Schäferhund - höchstens einen noch eigenwilligeren Westie, der, weil er sich nicht anerkannt fühlt, sich auch zu nichts verpflichtet fühlt, und sich deshalb seine eigene Welt aufbaut, in der seine Leute nur noch einen Stehplatz am Rande einnehmen. Aus einem Golden Retriever macht niemand einen blonden Hovawart, der standorttreu und kompromißlos Haus und Hof bewacht - auch wenn beide Rassen sich äußerlich mitunter zum Verwechseln ähnlich sehen: Ein rassegerecht gehaltener Retriever wird immer ein Menschenfreund bleiben, und der best-sozialisierte Hovawart immer ein instinktsicherer Schutzhund. Aus einem behäbigen Bernhardiner wird nie ein fröhlicher Agility-Fan. Und wer seinem Schäferhund nicht genug Bewegung und „Arbeit" verschafft, der hat binnen kurzem keinen führigen Alleskönner mehr, sondern einen nervösen Kläffer, den schon die Fliege an der Wand aufregt.

Jeder Hund ist anders. Und diese Unterschiede sind zum Teil angeboren, ererbt, zum Teil früh erworben. Sie sind abhängig von

1. der Rasse,
2. der Sozialisation des Hundes beim Züchter,
3. den frühen Erfahrungen,
4. der Umwelt, in der der Hund lebt.

Lassen Sie sich also nicht irremachen von naseweisen „Experten", die behaupten: Hund ist Hund, und jeder Hund kann alles lernen. - Er kann nicht. Und er tut das auch nicht: Der Hund, der leicht erziehbar, anhänglich, führig, treu ist, temperamentvoll draußen, aber ruhig im Haus, der Hund, der immer menschenfreundlich und verträglich mit jedem ist und doch gleichzeitig jederzeit und immerzu bereit, sein Rudel mutig und aus Menschensicht zum richtigen (!) Zeitpunkt zu verteidigen, den gibt es nicht.

Lassen Sie sich nichts einreden. Überlegen Sie genau, fragen Sie, lesen Sie. Und kaufen Sie sich Ihren „Traumhund" erst dann, wenn Sie mindestens einen „Nachteil" gefunden haben. Er wird noch mehr davon haben. Und kaufen Sie ihn nur dann, wenn Sie diesen Nachteil gar nicht als Nachteil erleben, sondern höchstens als liebenswerte Macke, die Sie gern in Kauf nehmen und im Grunde gar nicht ummodeln wollen. Hunde sind sensible, intelligente Wesen. Sie spüren jede Kritik,

auch die, die nicht laut gesagt wird. Und sie reagieren darauf je nach angeborenem Charakter mit Dickköpfigkeit, Rückzug oder Verunsicherung. Ein Hund, der sich vom Partner Mensch nicht als Partner Hund anerkannt fühlt, wird nie ein „Traumhund", trotz aller Mühe und bester Erziehung.

Prüfen Sie also zunächst einmal sich selbst. Und halten Sie sich an die alte Weisheit: „Gleich zu gleich gesellt sich gern." Kaufen Sie sich den Hund, der zu Ihnen, Ihren „Vorteilen" und „Nachteilen", Ihren Vorlieben und Abneigungen, zu Ihrem Lebensstil und zu Ihrer Umgebung paßt.

Ein Hund, der mit „seinem Menschen" zufrieden ist, wird fast von allein zum „Traumhund". Und wenn Hund und Mensch miteinander zufrieden sind, wird aus den beiden von ganz allein ein Traumpaar.

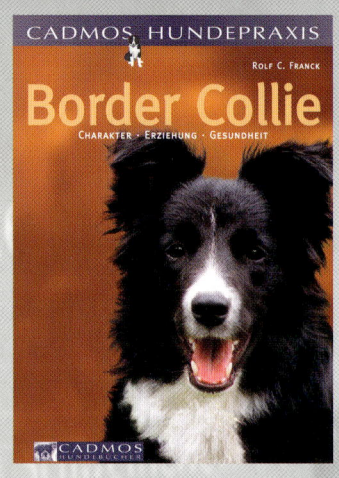

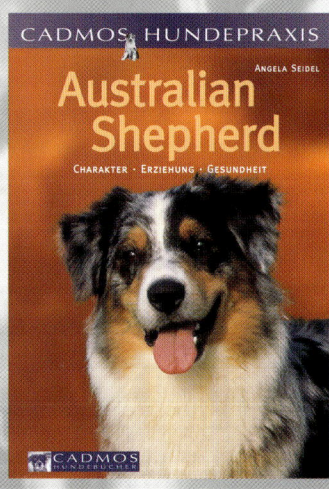